Los Diez Mandamientos de Dios

y

El Sermón de la Montaña
de Jesús de Nazaret

La Palabra Eterna,

el Dios Único, el Espíritu Libre,

habla a través de Gabriele,

al igual que a través de todos

los profetas de Dios:

Abrahán, Job, Moisés, Elías, Isaías,

Jesús de Nazaret,

el Cristo de Dios

Los Diez Mandamientos de DIOS

dados a través de Moisés, explicados
con palabras de la época actual por la profeta
y enviada de Dios, Gabriele

y

El Sermón de la Montaña

de Jesús de Nazaret,
explicado, rectificado y profundizado
por Cristo mismo, manifestado a través
de la profeta y enviada de Dios, Gabriele

Editorial Gabriele
La Palabra

Los Diez Mandamientos de Dios
y El Sermón de la Montaña de Jesús de Nazaret

Spanisch

1ª edición rústica en español, junio de 2022
© Gabriele-Verlag Das Wort GmbH
Max-Braun-Str. 2, 97828 Marktheidenfeld, Alemania
www.editorialgabriele.com

Título del original en alemán:
»Die Zehn Gebote Gottes
& Die Bergpredigt
des Jesus von Nazareth«

En todas las cuestiones relativas al sentido,
la edición original en alemán tiene validez última

Todas las letras ornamentales: Gabriele-Verlag Das Wort

Nº de pedido: S182TBesPOD
ISBN 978-3-96446-288-6

Contenido

Los Diez Mandamientos de DIOS

dados a través de Moisés,
explicados con palabras
de la época actual
por la profeta
y enviada de Dios, Gabriele

Contenido

Los Diez Mandamientos de Dios, explicados con palabras de la época actual

Prólogo

La letra solo se vuelve viva cuando el ser humano comienza a cumplir los Mandamientos. Con ello va madurando poco a poco en la Ley omniabarcante del amor y de la vida. Solo quien cumpla los Mandamientos con el corazón y en el espíritu del amor, reconocerá la Ley omniabarcante y encontrará así la verdad, que se encuentra dentro del alma del ser humano.

Dios dio a los seres humanos los Diez Mandamientos a través de Moisés.

El espíritu de Dios es libertad. El Espíritu Libre, eterno y omnipresente, al que en Occidente llamamos Dios, es Existencia eterna omnipresente, vida omnipresente. Es la fuerza del universo, la corriente en los poderosos soles y planetas. Él es la vida en la Tierra, en cada planta, en cada animal, en cada piedra, y en última instancia en cada persona y en cada alma. El Espíritu Libre omnipresente, Dios, es por consiguiente la fuerza universal en todo el infinito.

Los Mandamientos de Dios dados a través de Moisés son realmente un don de amor y una ayuda para la vida, del Eterno a Sus hijos humanos, extractos de la eterna Ley omniabarcante del infinito. Puesto que en el espíritu del eterno SER, de la vida eterna, todo está contenido en todo, en cada Mandamiento podemos encontrar también a los demás.

A los seres humanos se nos ha dado la tarea de cumplir en la vida terrenal los Mandamientos del Uno universal, es decir vivirlos –no simplemente conocerlos o leer sobre ellos. Los Mandamientos de Dios no contienen ninguna prohibición, porque el Espíritu Libre es la libertad, que dice: Toda persona tiene la libertad de aceptar las indicaciones de Dios y vivir correspondientemente, o bien de dejarlas.

Puesto que Dios no interviene en la vida del ser humano, este último es responsable por el contenido de su forma de sentir, pensar, hablar y actuar.

Los Mandamientos de Dios son legitimidades, extractos de la Ley eterna del Reino de Dios. Ayudan a la persona que aspira a cumplirlos a alcanzar una ética y moral más elevadas, con lo que en su totalidad esta se vuelve más fina en su forma de pensar, hablar y actuar. Quien recorre el camino de los Mandamientos de Dios, también ennoblece sus sentidos y desarrolla una perspectiva de vida más elevada; comprende que la naturaleza y los animales también pertenecen a la unidad divina. Los Mandamientos de Dios vividos originan libertad y beneficio para la vida.

Los Mandamientos de Dios son una oferta de Dios, del Espíritu Libre, a nosotros los seres humanos, para que vivamos conforme a ellos, para que mediante el beneficio de obtener una ética y moral más elevadas, aprendamos a entender lo que significan la justicia, la unidad y el amor a Dios y al prójimo. Debido a este cumplimiento paulatino, el ser humano se va acercando a la vida, que es el Espíritu Libre universal: Dios, el Espíritu universal en todo.

En el curso del cumplimiento paulatino de los Mandamientos de Dios, la persona no solo capta todo de modo más profundo, sino que también experimenta en sí que el Espíritu Libre omnipresente también se encuentra en ella misma.

Dicho una vez más: La vida es Dios, el Espíritu Libre, que es exactamente el mismo en todas las culturas de todo el mundo. El Espíritu Libre en todas las culturas de todo el mundo es la diversidad y la plenitud infinitas del SER, la Existencia eterna. Cada Mandamiento de Dios es un portal hacia la plenitud de la vida, porque Dios, el Espíritu Libre, es la vida. Si pensando y obrando correctamente nos sumergimos en las profundidades de la vida, en la raíz del SER, descubrimos que cada Mandamiento contiene una variedad del SER y que se encuentra contenido en los demás Mandamientos como fuente de fuerza. Con la expresión «Espíritu Libre», al que en Occidente llamamos Dios, no se hace referencia al «Dios» que presentan los sacerdotes y curas.

Jesús de Nazaret fue como ser humano el Hijo de Dios, y como ser en Dios es el Corregente del Reino de Dios, el Cristo de Dios, que como Jesús de Nazaret nos trajo la redención y el camino de regreso al Hogar del Padre. Siendo Jesús de Nazaret enseñó a los seres humanos que el Padre eterno y Él son uno, lo que significa: un espíritu, un amor, una verdad, la verdad eterna, la Ley eterna infinita que hace libre. El espíritu del Cristo de Dios está en el Padre, y el Padre está en el espíritu del Cristo de Dios –un espíritu, una vida, una verdad.

Desde hace casi 50 años, el Espíritu Libre, el espíritu del Cristo de Dios, se manifiesta a través de Su profeta, Su portavoz, que también es la enviada de los Cielos: Gabriele. El Cristo de Dios, el Espíritu Libre, no está atado a ninguna religión que practique un culto mundano externo porque –así lo enseñó Jesús de Nazaret, y también lo hace hoy el Cristo de Dios– cada persona es el templo de Dios y por lo tanto no necesita ningún templo, ninguna iglesia de piedra para encontrar a Dios, la Inteligencia universal eterna, el Espíritu eterno, ni para adorarle.

Hoy habla el Cristo de Dios en el Nuevo Tiempo. Dios, el Eterno, no cambia; Él es el mismo –lo fue ayer, lo es hoy y lo será mañana. Esto también es válido para los Diez Mandamientos de Dios dados a través de Moisés. El Cristo de Dios, que se manifiesta en la época actual, habló en el corazón de Su profeta y enviada de Dios, Gabriele, quien con sus propias palabras, y ateniéndose al sentido, transmitió lo que es especialmente importante para el Nuevo Tiempo, ya que los dioses-ídolos han aumentado en su diversidad.

Si creemos en los Diez Mandamientos de Dios y si también creemos en Jesús, el Cristo, en Sus enseñanzas y sobre todo en la enseñanza de los Cielos, el Sermón de la Montaña de Jesús, si nos denominamos cristianos, cristianos originarios o seguidores de Jesús de Nazaret, en ese caso nos comprometemos al mismo tiempo automáticamente a cumplir también aquello que pretendemos ser.

Pero hay que poner algo en claro: El cumplimiento de lo que el Eterno nos dio en los Diez Mandamientos y Jesús de Nazaret en Sus enseñanzas y en el Sermón de la Montaña, no tiene nada que ver con estatutos eclesiales institucionales ni con resoluciones eclesiásticas.

Nota de los traductores: Para la traducción de los Diez Mandamientos y para mantener el sentido del texto original en alemán, se han usado las formas verbales de presente 'debes' o 'no debes', en el sentido no impositivo de 'deberías' o 'no deberías', en vez del tiempo verbal de futuro empleado comúnmente en español, puesto que esta traducción es la más cercana a la formulación bíblica empleada en idioma alemán.

El primer Mandamiento de Dios

o Soy el Señor, tu Dios.
No debes tener otros dioses
aparte de Mí.

El Dios de Abrahán, Isaac y Jacob, el Dios a través de Moisés, a través de todos los profetas de Dios, es el Espíritu Libre, es la Ley eterna, el amor y el amor al prójimo.

Dios, el Espíritu Libre, es la fuerza creadora en todo. No importa a dónde vayamos, a dónde miremos –en todo se encuentra el Espíritu eternamente reinante. En cada persona, es decir, en nosotros, en nuestra alma, se encuentra el Espíritu de la verdad, el Espíritu Libre. Él nos toca en cada célula de nuestro cuerpo y a través de nuestra respiración. Todo lo que nos rodea, lo que vemos y lo que no observamos, lleva en sí el Espíritu, a Dios, que es la vida.

En el fondo primario de su alma el ser humano es divino, pero no es Dios. El ser divino existe eternamente, porque Dios, su Padre celestial, lo visualizó y creó. Al ser puro también se le llama ser espiritual.

La palabra de Dios, el Mandamiento dado a través de Moisés, nos enseña: «*No debes tener otros dioses aparte de Mí*». ¿Qué son los otros dioses, o ídolos, y cuántos otros dioses ha creado el ser humano en la época actual, a los que muchos veneran y se entregan ciegamente? Estos son el dinero, la técnica desarrollada al extremo, el afán de diversión, el vicio por los juegos de azar, el afán de poder, los deseos, los apetitos y las pasiones extremas, y mucho más. Todos los vicios tienen su correspondiente ídolo, al que en cierto modo actualmente muchas personas veneran en todo el mundo. Muchos seres humanos idolatran a otras personas o les rinden reverencia, creyendo –o porque estas les hacen creer– que ellas han sido elegidas por Dios para guiar a los seres humanos e imponer enseñanzas para atarlos. Muchas personas pagan tributo a los dioses, a los ídolos, también a los denominados altos cargos, que se dejan venerar por el pueblo.

El Reino de Dios tiene siete dimensiones, como también la Ley eterna omniabarcante, Dios.

A través de Moisés, los seres humanos hemos recibido de Dios los extractos de la Ley eterna de siete dimensiones para nuestro mundo tridimensional: los Diez Mandamientos de Dios. El vivir los Mandamientos de Dios podría ayudarnos a comprender la vida que proviene de Dios y lo abarca todo. Solo con el cumplimiento paulatino consigue el ser humano una ética y moral más elevadas, y solo de esta manera se amplía su consciencia, pudiendo captar todo con más extensión y profundidad.

Puesto que el Reino de Dios tiene siete dimensiones, no deberíamos formarnos ninguna imagen del Reino de Dios, del Cielo, ni tampoco de aquello que se encuentra en la Tierra, sobre y dentro de ella. Tomemos en serio las palabras de Jesús de Nazaret, quien nos enseñó:

«*El Espíritu de Dios está en ti, y tú eres el templo del Espíritu Santo*». Imágenes de adoración, como p. ej. estatuas o imágenes de santos, se graban en nuestra alma como imágenes tridimensionales. Cuando entonces llega la hora en que el cuerpo fallece, la envoltura del alma, el alma va a los ámbitos del Más allá. A ella se encuentran adheridas las imágenes tridimensionales que no se asemejan a la vida de siete dimensiones. El alma tendrá que darse cuenta algún día que esto que ha introducido ella en sí misma, las imágenes tridimensionales que adoró siendo un ser humano, no se corresponde con la vida eterna de siete dimensiones.

Los seres humanos no podemos imaginarnos el Reino de Dios, tampoco podemos hacernos una imagen de los mundos espirituales puros, tampoco de los seres espirituales, que llamamos ángeles, tampoco de Dios, nuestro Padre eterno, al que también llamamos Dios Padre-Madre y al que veneramos en el Padre Nuestro, ni tampoco de Cristo, el Corregente del Reino de Dios. Imágenes y estatuas solo se corresponden con nuestro mundo de ideas personales. Por ello no deberíamos adorar ninguna imagen.

Tampoco deberíamos adorar el cuerpo de Jesús en la cruz. Su Espíritu resucitó y se encuentra sentado a la derecha del Padre eterno, como Hijo de Dios, como Corregente del Reino de Dios. El Hijo de Dios, el Corregente del Reino de Dios, es el redentor de todas las almas y de todos los seres humanos. Él es el camino, la verdad y la vida, y Él, Cristo, nos conduce al Padre eterno, al Reino eterno de siete dimensiones. La cruz sin cuerpo, símbolo de Su acto redentor, indica el camino al Reino de Dios, de la paz, de la unidad y de la libertad.

Como hemos leído, el Espíritu Libre eterno es vida omnipresente y por ello se encuentra en cada animal, en todas las plantas, es decir, en la naturaleza, en los minerales y en cada piedra. En cada gota de agua se encuentra la vida. Todo en todo es la unidad, y la unidad en Dios es la vida imperecedera. También los seres humanos somos a su vez solo la envoltura de la vida eterna. En lo más profundo de nuestra alma pertenecemos al Reino de Dios. Así como el cuerpo físico solo es la envoltura de la verdadera vida, también cualquier forma de vida de la naturaleza terrenal, cada animal, cada planta, cada árbol, cada arbusto, cada piedra, es solo la envoltura de la vida. La vida, la fuerza creadora, late en todos y en todo; es el Espíritu Libre, la Ley eterna del amor a Dios y al prójimo. En todo lo que vemos y no consideramos, obra la vida eterna omni-abarcante. La materia, lo tridimensional, es la envoltura, solo es el reflejo de la Creación de Dios, en la que late la vida de siete dimensiones.

El segundo Mandamiento de Dios

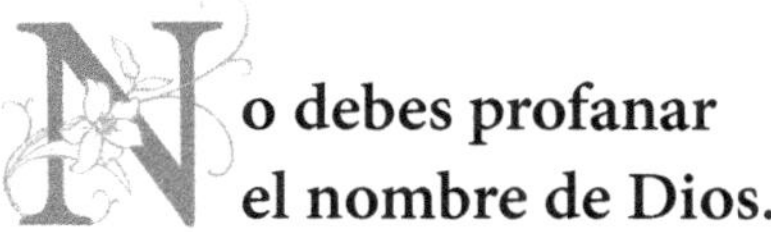

**o debes profanar
el nombre de Dios.**

¿Cómo profanamos los seres humanos el nombre de Dios? Por ejemplo, cuando maldecimos en Su nombre, juramos en falso o exclamamos a la ligera «¡Dios mío, Dios mío!», sin pedirnos cuentas a nosotros mismos por usar el nombre de Dios de esa manera, cuando en realidad no Le tenemos en mente. O cuando usamos fórmulas de saludo o despedida diciendo «Un saludo en Dios» o «Vaya con Dios», sin tener en cuenta que al decirlo estamos hablando de la Inteligencia absoluta.

En alguna que otra conversación se usa la expresión «¡Pero por Dios!». ¿En qué pensamos al hacerlo? La mayoría de las veces solo son palabras vacías, frases hechas. Sin embargo, como sabemos en la actualidad, todo es energía. De ello se deduce que nosotros somos los responsables por cada palabra que sale de nuestra boca, y no Dios. Cada persona que toma el nombre de Dios en vano, abusa de Su nombre y desperdicia con ello energía, castigándose a sí misma. Según la ley de Acción y reacción, nosotros mismos somos responsables de nuestra manera de pensar, hablar y actuar –no el Todopoderoso.

Cristo nos pide que cuestionemos nuestros pensamientos y palabras haciéndonos conscientes de lo siguiente: ¿Qué pensamos y hablamos? ¿Se corresponde nuestro comportamiento con lo que decimos, p. ej. «Un saludo en Dios», o «Pero por Dios», o bien «Vaya con Dios»? Todo es energía. Por ello hay que preguntarse: ¿Nos castiga Dios cuando actuamos contra nuestra propia energía, ya que esta también incluye nuestra vida terrenal? No, nos castigamos a nosotros mismos cuando reducimos nuestra fuerza vital, nuestra energía.

Una y otra vez oímos: «¡Gracias a Dios me salió bien, o no me ocurrió esto o aquello!». ¿Realmente estamos agradecidos de Dios, o solo lo decimos así sin más, como una frase hecha, un modismo? Desgraciadamente, rara vez tomamos en serio tales situaciones y las aprovechamos para reflexionar sobre nosotros mismos, sobre nuestro comportamiento, sobre nuestra vida y por último sobre la siembra que, consciente o inconscientemente y sin reflexionar, depositamos en el campo de nuestra alma con nuestros pensamientos y palabras.

Los seres humanos deberíamos ser más a menudo conscientes de que nuestra siembra brotará algún día. ¿Qué ocurrirá entonces? Quien crea en Acción igual a reacción, en Siembra y cosecha, en Causa y efecto, verá claramente que el Eterno, al que en Occidente llamamos Dios, no castiga. Por consiguiente Él tampoco nos obliga a nada, porque Sus Mandamientos dicen sin ninguna excepción: «debes» (o «no debes»), y no: «tienes –o no tienes– que». Precisamente los Mandamientos son ofrecimientos, ellos indican la dirección a seguir. El ser humano es libre de pensar, hablar y actuar como le plazca. Puesto que los seres humanos somos libres, también somos responsables de nuestras obras, de todo aquello que diariamente percibimos, sentimos, pensamos, hablamos y hacemos.

Los seres humanos deberíamos diferenciar entre «tienes que» y «tenemos que».

«Tienes que» es personal, va dirigido a la persona, y por ello va en contra de la libertad que viene de Dios, la cual dice: «debes».

Por el contrario, las palabras «tenemos que» son impersonales, porque se expresan de forma general y no se refieren a ninguna persona en concreto, a menos que se trate de una orden. En ese caso se pasa al ámbito de lo personal y se coarta la libertad. De ello resulta el acuerdo concluyente que dice: ¡Separa, ata y domina!

Dios, el Eterno, solamente ofrece los Mandamientos de Su Ley celestial a través de Moisés. Junto con la enseñanza de Jesús de Nazaret, sobre todo el Sermón de la Montaña, son el camino al Reino de Dios.

Cristo es el Corregente del Reino de Dios. También uno que otro partido político profana Su nombre, Cristo, es decir, abusa de él.

El nombre del Dios todopoderoso y de Su hijo no tiene nada que ver con la política. Uno se pregunta: ¿ha de ser utilizado quizá solo como un pretexto para deslumbrar a muchas personas? Quien desee examinar los discursos de muchos oradores, también en los partidos denominados cristianos, y en definitiva también su propio comportamiento personal, que lea lo que Jesús de Nazaret recomendó en el Sermón de la Montaña como criterio para diferenciar. Entre otras cosas, Él nos enseñó: «Por sus frutos los reconoceréis».

Quien respeta los Diez Mandamientos de Dios y las enseñanzas de Jesús de Nazaret, también se dará cuenta y comprenderá en qué medida se abusa del nombre del Altísimo y del nombre de Jesús, el Cristo, en partidos, comunidades, iglesias y similares que se denominan cristianos. Cada cual debe responder ante la Ley del infinito, ante Dios y ante sí mismo por aquello que presume ser o de lo que es prosélito; esto también es válido cuando alguien sabe de algo que es injusto y calla, y además aún se siente perteneciente a esa asociación.

En las instituciones eclesiales se habla del Dios que castiga. Según la ley del libre albedrío, cuando sabemos de los Mandamientos de Dios y los rechazamos, nos castigamos a nosotros mismos. La Ley del Eterno es el amor a Dios y al prójimo. Ella contiene la libertad. Quien obedece lo que prescriben estatutos eclesiales, que prescriben con un «tienes que», quien cree en el castigo eterno, llamado condenación, aún no ha reflexionado sobre el abuso de los Mandamientos de Dios y de las enseñanzas de Jesús de Nazaret.

El Eterno, el Espíritu Libre, nos exhorta una y otra vez a que aprendamos a comprender el sentido de las palabras, también en lo que se refiere a los Mandamientos de Dios. Las palabras humanas solo son envolturas, de forma parecida a como el ser humano es solo la envoltura de la verdadera vida, la envoltura de su alma. Por lo tanto, las palabras humanas son envolturas, similares a una cáscara; lo decisivo es el contenido.

Solo cuando los seres humanos estemos dispuestos a encontrar la verdad en los Mandamientos de Dios y en las palabras del Cristo de Dios, realizándolas en la vida diaria, experimentaremos al Espíritu Libre, que no obliga ni castiga.

Cuán a menudo oímos o leemos sobre Siembra y cosecha, sobre Causa y efecto, sobre Acción y reacción.

Un antiguo dicho popular (usual en Alemania), que dice algo así como «Quien no quiera escuchar, tendrá que sentirlo en carne propia», se usa, como tantas otras cosas, con ligereza y sin reflexionar. O sea que quien no quiera oír las indicaciones del Eterno, sigue su propio camino. No puede hacer responsables a otros, y mucho menos al Espíritu Libre, al que en Occidente llamamos Dios, por los escollos del camino que él mismo va colocando, que son ciertos contenidos de su manera de sentir, pensar y hablar. Si la persona un día tropieza con uno de los obstáculos, es decir escollos, que ella misma ha colocado ante sí, en la mayoría de los casos culpa entonces por ello a Dios. El antiguo dicho popular se tiene tan poco en cuenta como la ley «Lo que el ser humano siembra, cosechará». –O sea que quien no quiera oír, tendrá que sentir en carne propia las consecuencias.

Quien sufre las consecuencias de lo que él mismo ha introducido de negativo en su interior, sus propios obstáculos, debería hacerse consciente de que se trata del alejamiento de los Mandamientos y de las enseñanzas de Jesús de Nazaret, de las numerosas e incontables ayudas del Espíritu Libre, Dios, que con ello nos tiende la mano. Las preocupaciones, las necesidades, el sufrimiento y mucho más no corresponden a la voluntad del Eterno, sino que son la emanación del modo de pensar y actuar irracional de la persona. Si el ser humano siente los grilletes que él mismo se ha colocado, en ese caso no se los suele atribuir a sí mismo, sino que pregunta: «¿Por qué Dios lo permite?». En su lugar, debería preguntarse más bien: «Hombre, ¿por qué permites tú que te ocurra algo así?».

Hay algo que a los seres humanos se nos debería hacer en todo caso consciente: La responsabilidad por el contenido de nuestro modo de sentir, pensar, hablar y actuar es solamente nuestra. Alguno podría decir: «¡Pero esto no tiene nada que ver con la libertad. Dios tendría que ayudarnos y asistirnos, Dios tendría que protegernos!». Por supuesto que El Eterno nos asiste. Él nos ayuda y nos protege. Pero si no queremos, si rechazamos Su mano dándole la espalda a los Mandamientos de Dios y a las enseñanzas de Jesús de Nazaret, entonces será como en una familia en la que el padre le dice al hijo o a la hija: «¡Ten cuidado! No hagas eso, pues tendrá consecuencias». Es posible que el hijo o la hija piense: «¡Bah!, qué importa lo que diga nuestro padre, el tiempo actual es diferente; lo haré como yo quiera». A pesar de las palabras exhortadoras del padre «No hagas eso, pues tendrá consecuencias», es posible que el hijo o la hija digan: «¿Por qué no, qué significa consecuencias?». Puede que digan de forma obstinada, incluso furiosa: «¡Nos haremos cargo de ellas!». ¿Y qué puede decir tal vez el padre?: «No puedo ataros a mis palabras de advertencia. Sois libres de hacerlo; pero entonces cada uno de vosotros debe hacerse cargo de lo que resulte de ello para cada cual».

Algo parecido ocurre con Dios, nuestro Padre celestial. Si la persona no quiere, a pesar de saber de los Mandamientos de Dios dados a través de Moisés y de las enseñanzas de Jesús de Nazaret, y dice: «¿Y qué? A mí esto no me interesa; vivimos en otros tiempos; yo hago lo que quiero», en ese caso Dios no le obligará a nada ni tampoco le castigará, ya que el ser humano tiene la libertad de decidir, puesto que Dios, el Eterno, ha dado la libertad como herencia a todos los seres humanos y seres.

El Espíritu eterno, Dios, y Su hijo, Jesús, el Cristo, reconcilian, perdonan y asisten, siempre y cuando lo queramos, si nos dirigimos al Espíritu único, libre y omnipresente y cumplimos lo que Él nos ha ofrecido: los extractos de la Ley eterna del amor a Dios y al prójimo, los Diez Mandamientos, y Jesús de Nazaret la enseñanza de los Cielos, sobre todo el Sermón de la Montaña.

Preguntémonos: ¿De qué debe protegernos Dios, el Eterno? ¿Quizás de aquello que nosotros hemos causado con nuestra obstinación, que es igual a obrar con carácter despótico? Preguntémonos: Si Dios actuara así, ¿seríamos entonces de la noche a la mañana otras personas, más atentas a nuestro propio modo de pensar y actuar frente a otros, que en adelante se abstendrán de su mal comportamiento, que fue el que condujo a las desavenencias –o seguiríamos haciendo lo que nos apetece?

El tercer Mandamiento de Dios

 **A**cuérdate **de santificar el sábado.**

Los empleados tienen que adaptarse en la actualidad a las condiciones de la empresa correspondiente, de modo que en principio no se puede decir que el séptimo día tenga que ser el día de descanso. Para personas que p. ej. trabajan por turnos, o personas empleadas en la gastronomía, en muchos casos el séptimo día no es uno de descanso.

Ninguna persona está excluida de la Ley eterna, del amor a Dios y al prójimo, que incluye la libertad. No importa cuál sea el día libre, toda persona debería tomarse algunos minutos de reflexión para pensar sobre los días pasados. ¿Qué resultó bien, qué no resultó tan bien o incluso mal? De todo podemos obtener algo, o bien extraer algo de las conversaciones, sobre todo cuando nuestro mundo de sentimientos emite un aviso, tanto en sentido positivo como en sentido contrario a la Ley de Dios. Cuando tenemos lo que se denomina un mal presentimiento, una gran ayuda es plantearnos a nosotros mismos la pregunta «por qué».

La expresión «por qué» puede descifrar muchas cosas, que tal vez hayamos olvidado o incluso reprimido durante las últimas horas o días, según hayan sido las circunstancias. También podríamos hacernos conscientes de que en nosotros tiene efecto una poderosa fuerza positiva, a la que en Occidente llamamos Dios, y que desea asistirnos.

Si usted tiene pensamientos que le obligan a ir a una capilla o a una iglesia para rezar allí, entonces lea lo que Jesús de Nazaret enseñó a los seres humanos. Por un lado nos enseñó que cada ser humano es el templo de Dios y que Dios vive en el alma de cada persona. Por otro lado, con relación a la oración, Él nos enseñó lo siguiente: *«Tú, en cambio, cuando vayas a orar, entra en tu aposento y, después de cerrar la puerta, ora a tu Padre que está allí en lo secreto, y tu Padre, que ve en lo secreto, te recompensará».*

Usted, nosotros, toda persona somos libres de rezar, pensar y actuar como lo desee cada uno. Sin embargo, hay algo que no deberíamos dejar de lado con ligereza, el hecho de que somos responsables por todo lo que hacemos y por lo que no hacemos, por todo nuestro comportamiento.

El cuarto Mandamiento de Dios

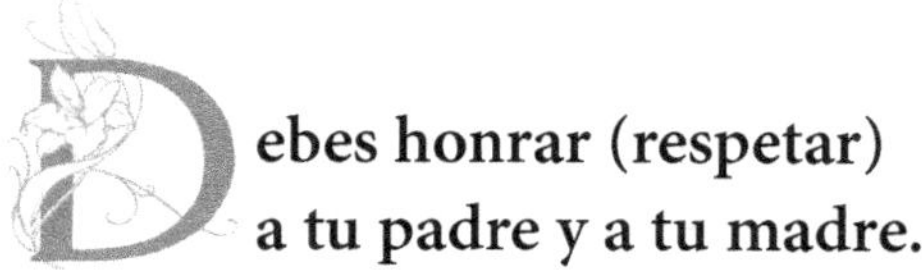ebes honrar (respetar) a tu padre y a tu madre.

En muchos casos hay personas de esta época que se rinden honores a sí mismas. Y hay personas que honran a otras personas. Por ejemplo, se honra a aquellas personas que aportan a la sociedad los importantes resultados de sus investigaciones, o a aquellas que por tener un alto cargo en el gobierno y en el Estado se les pone en una posición social más alta. En nuestra época se admira y honra p. ej. a deportistas que baten récords, a actores y otros artistas, así como a personas que hacen ostentación pública de su lujo y riqueza. También los hijos deben honrar a su padre y a su madre. O sea que debemos rendir honores a seres humanos.

Ante Dios todos somos iguales, hermanos y hermanas, hijos de un Padre que está en el Cielo, tal y como nos enseñó Jesús de Nazaret, quien habló p. ej. del siguiente modo a quienes enseñaban al pueblo en nombre del Eterno:

«Vosotros, en cambio, no os dejéis llamar Rabí, porque uno solo es vuestro Maestro; y vosotros sois todos hermanos. Ni llaméis a nadie "Padre" vuestro en la Tierra, porque uno solo es vuestro Padre: el del Cielo. (...) El mayor entre vosotros será vuestro servidor. Pues el que se ensalce, será humillado; y el que se humille, será ensalzado».

No importa qué título obtenga el ser humano ni con qué méritos se engalane – ante Dios es igual que su prójimo, sin título ni dignidades; esto también es válido para las personas de quienes somos hijos o hijas terrenales. La palabra de Dios es la Ley eterna, la verdadera vida. Entre otras cosas, dice: *«Que el uno lleve la carga del otro»*, lo que significa: que el uno ayude al otro.

El mostrarse a otros como alguien honorable o permitir que otros nos honren no está previsto en la Ley universal eterna de la igualdad, libertad y unidad. El amor a Dios y al prójimo incluye el respeto al prójimo, que los seres humanos por tanto nos debemos respetar mutuamente y honrar a Dios, el Espíritu omnipresente, que es la vida en todo y en todos, respetando también Su Creación, a la que pertenecen los seres humanos, los animales, la naturaleza y la madre Tierra. Solo quien respeta la vida, honra a Dios. Quien destruye la vida, menosprecia a Dios.

El quinto Mandamiento de Dios

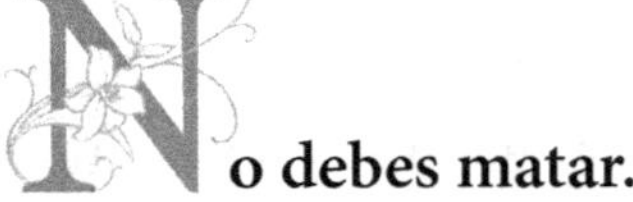

No debes matar.

Precisamente el quinto Mandamiento tiene muchas acepciones, ya que los círculos eclesiásticos institucionales [en Alemania] han cambiado el término matar por la palabra «asesinar». Según la declaración actual, en la guerra se puede p. ej. matar; por el contrario, matar de forma premeditada es asesinato. Si de acuerdo con la declaración de Jesús de Nazaret consideramos la palabra «guerra» con más detención, leeremos lo que Jesús nos enseñó, p. ej.: *«El que coja la espada, morirá bajo la espada».*

Jesús de Nazaret era pacifista en toda la extensión de la palabra. Él enseñó el pacifismo. Jesús de Nazaret fue un hombre de paz y el príncipe celestial de la paz. Quien ha cambiado la palabra «matar» por «asesinar», quitándole con ello importancia a su significado, está al fin y al cabo a favor de la guerra y contra la enseñanza de Jesús de Nazaret. Ante la faz de Dios, ante el Padre celestial que Jesús nos trajo, somos todos hermanos y hermanas, que de Dios, su Padre celestial, han recibido la vida, la vida eterna. Los seres humanos respiramos porque en nuestra respiración fluye la vida, que es la fuerza todopoderosa. ¿Quién tiene el derecho o se toma el derecho a quitarle la respiración a su hermano o a su hermana?

Jesús de Nazaret nos enseñó que los seres humanos no tenemos el derecho a matar a otro ser humano. Esto también es válido cuando se mata deliberadamente a un animal o a una planta en su savia. A los seres humanos se nos pide respetar, amar y apreciar la Tierra con todo lo que vive en ella, sobre y dentro de ella, pues en todo está la vida, y este es el Espíritu Libre omnipotente, el único que es la vida en todo y en todos.

Precisamente la humanidad actual está muy alejada de la verdad eterna, a la que en Occidente llamamos Dios. Desgraciadamente son pocos los que piensan que Él es el poderoso Espíritu del infinito, el Creador, cuya fuerza de vida reina en todo. Tanto si se trata de los universos, de los poderosos astros y planetas o del animalito más pequeño en la Tierra –todo lleva en sí la vida del Espíritu eterno, del Creador de todo lo que existe. ¿Quién tiene por tanto el derecho a intervenir en la vida, que es eterna? ¿Quién ha dado la vida? ¿A quién pertenece la vida? El ser humano, el animal, y la naturaleza tienen derecho a vivir, y de hacerlo hasta que la vida terrenal se extinga. Por tanto, cada persona, todos los reinos de la naturaleza tienen el derecho a vivir en la vida de materia gruesa hasta que les llegue la hora de regresar como forma de vida espiritual al seno de la vida eterna.

La persona actual ignora la mayoría de las veces la ley de Siembra y cosecha: lo que el ser humano siembre, cosechará. Si observamos más profundamente nuestro mundo de arrogancia y explotación de los seres humanos y de la naturaleza, nos daremos cuenta de que la mala siembra no está madurando, sino que ya ha brotado, es decir que ha pasado a traer sus efectos. ¿Pero a quién le importa esto? El uno más, el otro menos, piensa: «Yo mismo soy mi propio prójimo. Esto no me incumbe». No obstante, esto le incumbe a usted, nos incumbe a todos nosotros, ya que portamos la vida y también nuestra libertad, de lo que surgió la ley de la Caída, que dice: lo que el hombre siembre, es lo que cosechará.

Para quien por tanto mate conscientemente, no importa si lo hace en la guerra, como agricultor, guardabosque o cazador –nadie tiene el derecho a matar deliberadamente. Quien mata deliberadamente, es decir intencionadamente, está contra la ley de la vida y con ello contra el Dios creador. La conclusión para cada uno de nosotros es: lo que siembres, lo cosecharás algún día, ya que el alma de cada ser humano vive eternamente. Algún día el alma pasará a los ámbitos del Más allá y tendrá que cargar con lo que el ser humano sembró.

No debes cometer adulterio.

El adulterio es abusar de la fidelidad, lo que equivale a abusar de la confianza. Los matrimonios en la mayoría de los casos suelen consumarse en base a un acuerdo de confianza mutua. Tanto si la esposa o el marido rompen la confianza al preferir físicamente a otra mujer o bien a otro hombre, esa persona ha violado la promesa de fidelidad mutua.

Nuestra época actual no solo parece moverse a un ritmo vertiginoso, sino que también con relación a la fidelidad considera esta apariencia, fomentando la idea de que hay que disfrutar de la vida. También en lo que se refiere al matrimonio y a la pareja, el tiempo vertiginoso es el padrino, ya que hoy se promete fidelidad, pero ya mañana esto es totalmente diferente.

También en muchos consorcios y empresas es de modo similar. Se firma un contrato laboral en el que está establecida la confianza que se ha de tener en la empresa. No obstante, cuando se trata del propio beneficio, cuando además entran posiblemente en juego maquinaciones y manipulaciones empresariales, el contrato laboral a menudo no es más que un papel sin valor.

No importa a dónde miremos, el tiempo actual, el mundo de hoy, se ha convertido en un culto de sacrificio de algo o alguien. En muchos casos se sacrifica el matrimonio o la relación de pareja por una amistad breve. Tenga la mujer un hijo o no, no es lo que importa –el tiempo aparentemente vertiginoso exige su tributo. Tanto si es adulterio como abuso de fidelidad, o bien abuso de confianza –apenas si esto ya juega un papel; se sacrifica al prójimo, se sacrifica lo que se ha firmado por contrato. Las formas del culto de sacrificio son variadas. La vida actual se podría comparar con un juego de dados. La persona digna de confianza es hoy el número uno –mañana puede que el confidente o la persona deseable sean ya el número tres, el cinco o incluso el número seis.

Y de este modo uno que otro dice: «¿De qué sirven todavía los Mandamientos de Dios, que hace algunos miles de años correspondieron a personas de la denominada época antigua o de piedra?». Si se piensa con sinceridad: ¿no piensan así o de forma parecida muchos seguidores de esa vida vertiginosa, y opinan que la vida se ha de vivir hoy mismo, aunque sea a costa de otros, también a costa del sufrimiento y del dolor de aquellos que quedaron atrás y que tienen que soportar alguna carga?

No importa cuántas perversiones los seres humanos consideremos que son algo normal y que por ello ni siquiera nos avergoncemos, Dios, el Eterno, es invariable. Él fue ayer, es hoy y también será mañana el mismo. Su Ley cósmica eterna es absoluta; es presente. Si el sexto Mandamiento dice: «*No debes cometer adulterio*», esto significa entre otras cosas: «Debes cumplir tu promesa», lo que concierne a practicar una fidelidad honrosa, igual a confianza honrosa, tanto en el matrimonio, en la pareja, en consorcios, en empresas y similares. Por tanto, tal y como el ser humano de la denominada Edad Antigua, o Edad de Piedra, debía medir su modo de pensar y hablar, todo su comportamiento en base a los Mandamientos de Dios, lo mismo rige hoy en la denominada edad tecnológica, que el ser humano califica como una era libre de prejuicios.

El matrimonio, la pareja y una promesa contractual también en la actualidad deberían estar respaldados por sinceridad, apertura, fidelidad, rectitud y confianza. Quien tome en serio los Mandamientos de Dios y desde hace dos mil años las enseñanzas de Jesús de Nazaret, el Cristo de Dios, y los cumpla paso a paso, logrará alcanzar amplitud de miras y una visión que comprende las cosas, pudiendo sopesar a quién tiene ante sí, p. ej. como persona, y en quién puede depositar su confianza. O sea que el sexto Mandamiento establece «*No debes cometer adulterio*».

Una ruptura es una ruptura. Lo que se repara ya no está intacto. Por ello hay que examinarse primero a uno mismo antes de cometer una injusticia, es decir, de dejar que algo se rompa. Esto significa que primero deberíamos reflexionar antes de romper algo, pues el pegar las grietas de algo roto a menudo lleva mucho más tiempo, y lo pegado es al fin y al cabo algo pegado, de lo que ya no es posible hacer un todo. Por esto, más de algo que se ha roto, en determinadas ocasiones encuentra su justa resonancia en la ley de Siembra y cosecha: *«Lo que siembres, cosecharás»*.

El séptimo Mandamiento de Dios

**o debes robar.**

La palabra «robar» se podría dividir en dos categorías. La primera podría llamarse hurto, la segunda categoría robo. Cuán a menudo se dice: «¡A ver, un momento, pero si yo no robo!». ¿Podemos los seres humanos afirmar esto sin más, sabiendo que todo es energía y que nuestro tiempo también es un factor energético?

¿Quién es un ladrón? Podríamos denominar p. ej. un ladrón a aquel que hurta dinero y bienes de valor. A otro se le podría denominar ladrón cuando le roba el tiempo a sus semejantes, manteniendo p. ej. conversaciones largas e inútiles, con muchos peros y sin llegar al fondo de la cuestión; o cuando él se pierde en conversaciones triviales sin llegar a un fin; o cuando alguien exige del otro algo que él mismo podría haber hecho; o bien cuando uno disputa con otro porque ambos quieren tener razón y ninguno quiere admitir la pizca de veracidad objetiva que pueda tener el otro.

El derroche de tiempo, igual a de energía, en muchas situaciones es un hecho que se muestra de múltiples maneras y que no se pueden contar aquí en su totalidad. Esto y mucho más es agotar la energía, en cuyo caso uno le roba una cantidad mayor o menor de energía al otro. Cada uno de nosotros podría enumerar seguramente toda una lista de ejemplos si se trata de lo que podría equivaler a hurto o a robo.

Pero no se trata de adquirir más conocimientos de las formas de robo que existen, sino que se trata de cada uno de nosotros personalmente, si nos preguntamos: ¿cuándo infrinjo yo, cuándo infringimos nosotros el Mandamiento *«No debes robar»*?

El octavo Mandamiento de Dios

**No debes
dar falso testimonio
contra tu prójimo.**

Dar falso testimonio significa decir sobre otra persona algo que no es verdad, afirmar de uno mismo ante las autoridades algo que no es cierto y hacer declaraciones falsas sobre otros. Hablar al gusto de otras personas, adularlas, reafirmarlas en su comportamiento, pero pensando sobre ellas de forma distinta de como hablamos, es también falsedad e infringe el octavo Mandamiento.

La afirmación de que nuestra opinión corresponde a la verdad también corresponde a esta categoría. Una opinión da a entender siempre que no lo sabemos con exactitud. Nuestra opinión, que consideramos como verdad, en la mayoría de los casos es un proceso mental de nuestra parte, un esquema de pensamientos, algo que nos imaginamos y que nos parece lógico. Esto lo declaramos entonces como nuestra opinión. Pero como una opinión da testimonio de no saber, ella puede ser falsa. Esto se puede calificar de falso testimonio.

Dar falso testimonio podría ser también difundir rumores falsos para conseguir con ello un objetivo determinado. Con rumores es posible culpar a otros. También esto infringe el octavo Mandamiento.

Por lo tanto no deberíamos dar falso testimonio contra nuestros semejantes, sino reflexionar más a menudo sobre nosotros mismos, si tenemos bajo control nuestros pensamientos y palabras, pues lo que sale de nosotros es energía y algún día vuelve a nosotros –tanto si dijimos o decimos la verdad como si no. Quien exige valores morales, antes de una conversación debería plantearse a sí mismo la pregunta: ¿Es verdad lo que quiero decir? ¿O sería dar falso testimonio contra mi prójimo?

Si nos esforzamos en reflexionar sobre el octavo Mandamiento, sobre el dar falso testimonio y sobre que todo es energía, también nuestros pensamientos, en ese caso se nos debería hacer consciente que todos, cada uno de nosotros, somos garantes de aquello que sale de nosotros, sea energía de pensamientos, de palabras o de actos. ¿Podemos garantizar que aquello que decimos corresponde a la verdad? Por eso deberíamos ser el mecanismo de control de nosotros mismos, la balanza.

Deberíamos tener cada vez más claro que todo es energía y que cada energía que emitimos, sea positiva o negativa, vuelve a nosotros. Dar falso testimonio conscientemente puede considerarse mentir.

El noveno Mandamiento de Dios

No debes desear
la mujer de tu prójimo.

La palabra «desear» incluye en sí los apetitos sensuales, el querer poseer, las ganas de tomar aquello que quiero para poder considerarlo de mi propiedad. El «mío» y el «para mí», el querer adueñarse de algo, se puede desglosar con la palabra «desear». Si conseguimos lo que deseamos, en el sentido del noveno Mandamiento, la mujer es propiedad del que la ha obtenido a raíz de sus apetitos. En sentido figurado se puede decir que ella, la mujer, se ha convertido en la esclava del que la ha deseado de forma intencionada o no intencionada.

Lo mismo puede aplicarse al hombre o incluso a un niño, al que p. ej. se desea, igual a abusar de él, con un fin físico. Cuando un hombre desea a una mujer, o una mujer a un hombre, o incluso un hombre a un niño, se plantea automáticamente la pregunta: ¿Con qué fin? Como ya se dijo, el apetito de poseer suele ser de origen físico, de lo que surgen muchas formas de dependencia, es decir, de esclavitud moderna. Si ya se ha disfrutado totalmente –por lo que se ha perdido el interés– de la «esclava» o del «esclavo», llegando incluso al abuso forzado de menores, en el que ha sido abandonado a su suerte surgen en muchos casos amargura, vacío, el sentirse haber sido usado y explotado. El niño al que se le ha robado su inocencia a menudo queda vacío, gastado física y psíquicamente. De este hecho en muchos casos surge odio e incluso el posible deseo de venganza.

Y quien desea a un niño y abusa de él, para este sería mejor no haber nacido. Sobre esto Jesús dijo enérgicamente: *«Quien conduzca al mal a uno de estos pequeños que creen en Mí, más le valdría que le colgasen al cuello una piedra de molino y lo arrojaran al fondo del mar».*

La palabra «desear» incluye más aspectos, como p. ej. atraer de forma solapada de consorcios y empresas a los que se denomina especialistas cualificados, para que aporten su experiencia laboral o para que realicen espionaje industrial, tratándose en ambos casos de prestigio y dinero. También esto puede considerarse en sentido figurado un tráfico de esclavos. Se podría incluir aún muchos, incontables ejemplos. Pero hay un hecho que es evidente, y es que los apetitos tienen facetas muy diferentes.

En cualquier caso hay que decir: quien se vende y cae en el deseo, igual a apetitos o concupiscencia, se convierte en un esclavo moderno que se entrega a su comprador y con ello deja de ser libre hasta que reflexione sobre lo que realmente sería el primer paso hacia la libertad. Este sería:
¡Sé fiel a ti mismo!

El segundo paso podría ser: ten cuidado de las trampas que se te tienden. El tercer paso sería: no te dejes captar por empresas –promociónate a ti mismo adquiriendo una buena formación profesional especializada que te dé alegría y con la que ganes tu salario, pues todo buen trabajador es merecedor de su sueldo. El cuarto paso podría ser: ten cuidado con las adulaciones que preceden al deseo y a los apetitos. Pregúntate: ¿qué ocurre cuando el tren de los apetitos ya ha partido –quién eres entonces? Posiblemente un vagón gastado que no sabe bien en qué vía de maniobras se encuentra...

El décimo Mandamiento de Dios

o debes codiciar los bienes de tu prójimo.

El décimo Mandamiento dado a través de Moisés nos permite tener una percepción más profunda al contemplar nuestra Tierra, que Dios ha dado a todos los seres humanos para que alimente a Sus hijos humanos. ¿Qué ha hecho el ser humano del planeta Tierra? En última instancia una isla llena de parcelas. Quien hereda o consigue dinero y bienes, posee un trozo de terreno correspondientemente grande, una gran parcela, a la cual llama su propiedad.

Otro solo posee un pequeño trozo de este gran pastel repartido en parcelas que es la Tierra. Y por su parte otro no tiene ninguna parcela de su propiedad; es un trabajador que se gana el pan y el de su familia. De este sueldo viven bien o mal él, su mujer y sus hijos.

El propietario de la parcela grande, el gran capitalista, deja que aquellos a los que se llama trabajadores y empleados, realicen el trabajo en la parcela de su propiedad, en su isla parcelada. Él mismo vive de manera exquisita y disfruta –al fin y al cabo a costa del trabajo de otros– del «mío» y del «para mí», que constituyen su vida. Él no necesita ganarse el pan de cada día como lo hacen el trabajador y el empleado; los demás lo hacen por él. Los trabajadores, los empleados, reciben su salario y el propietario recibe de esto su capital, que entonces invierte para incrementar con ello su «propiedad». No se puede negar que esta injusticia cada vez mayor puede conducir a envidia, odio, codicia y a cosas parecidas, si se tiene en cuenta que en nuestro tiempo los ricos son cada vez más ricos y los pobres cada vez más pobres.

Con cuánta más claridad suena hoy el décimo Mandamiento en nuestros oídos. Jesús de Nazaret ya dijo: *«Es más fácil que un camello entre por el ojo de una aguja, que un rico entre en el Reino de los Cielos»*. Esta declaración puede aplicarse a la parcelación del planeta Tierra. Los ricos se preocupan aún menos que antes de las palabras de Jesús, ya que antes tenía más peso el corazón al ponerlo en la pesa de la balanza personal y se medían más las obras del amor al prójimo. En la actualidad cada uno es su propio prójimo. Pero lo que era válido ayer, también lo es hoy. Nadie puede llevar consigo dinero o bienes al Más allá. Así como era antes con el rico, así lo es también hoy. Nadie puede entrar por el denominado ojo de la aguja, porque para los ricos el Reino de los Cielos aún está lejos. ¿Dónde estará entonces su alma pobre cuando las riquezas ya no cuenten? La ley de Siembra y cosecha logrará la equiparación. Por eso no vale la pena desear los bienes ajenos. En cualquier caso: ¡La Tierra es el planeta de Dios y no la obra del egoísmo humano! Quien capta conscientemente el sentido de los Diez Mandamientos de Dios, se da cuenta de que sin vivir la palabra de Dios, la persona vaga diariamente de un lugar a otro; no sabe quién es ni por qué vive como ser humano en lo temporal.

El Sermón de la Montaña

*de Jesús de Nazaret,
explicado, rectificado
y profundizado por Cristo mismo,
manifestado a través de la profeta
y enviada de Dios,
Gabriele*

Contenido

Introducción

esús de Nazaret regaló el Sermón de la Montaña a la humanidad hace aproximadamente dos mil años. Podemos encontrar partes esenciales de estas enseñanzas en la Biblia (Mateo, 5-7). El Sermón de la Montaña contiene la esencia de las enseñanzas de Jesús, son palabras fundamentales para una vida según las leyes de Dios, indicaciones para relacionarnos con nuestros semejantes, con los animales, con la naturaleza. Quien pone por obra estas enseñanzas en su vida cotidiana muy pronto sentirá que su vida cambia, que se vuelve más pacífica y positiva.

Por el contrario, los guías de las Iglesias y los políticos, precisamente del llamado mundo cristiano, afirman que estas enseñanzas son una utopía y que no se pueden poner en práctica.

¿Fue Jesús de Nazaret por tanto un utopista?

¿O fue un realista que nos mostró el camino que nos puede ayudar a salir del laberinto del ego humano?

Cristo, el Hijo de Dios, estuvo en esta Tierra siendo Jesús de Nazaret. Su espíritu redentor vive y actúa en cada uno de nosotros desde el «Está consumado» en el Gólgota. Él ha estado hablando una y otra vez en los pasados dos mil años a través de boca profética. Hoy, en este gran tiempo de cambio, se vuelve a manifestar a través de Su profeta. Él explica y profundiza Sus enseñanzas, las que dio a la humanidad siendo Jesús de Nazaret. Esto también sucede en su gran obra manifestada «Esta es Mi Palabra. A y Ω. El Evangelio de Jesús. La manifestación de Cristo que los verdaderos cristianos han llegado a conocer en todo el mundo».

Este libro contiene un extracto de esta obra trascendental, que va más alla del contenido de la Biblia. Nos da una magnífica visión completa sobre lo que fue, lo que es y lo que será. En esta manifestación Cristo regala a la humanidad también amplias indicaciones para una vida verdaderamente espiritual según las leyes divinas. Con ello en esta obra se cumplen Sus palabras, las que dijo siendo Jesús de Nazaret: «Aún tengo mucho que deciros...» (Juan, 16, 12). Tomando como base el «Evangelio de Jesús», un evangelio apócrito ya existente, Cristo explica en este libro, «Esta es Mi Palabra», Su vida y obra siendo Jesús de Nazaret; Él nos muestra especialmente **cómo** podemos vivir en nuestro tiempo actual según las leyes de Dios, segun los Diez Mandamientos y el Sermón de la Montaña, y nos permite prever el futuro, Su Reino de Paz en la Tierra.

El Sermón de la Montaña de Jesús contiene la esencia del camino hacia el interior, que Cristo está enseñando en la actualidad a través de Su palabra profética con todos sus peldaños y detalles. El Camino Interno es el camino del autorreconocimiento y superación de los errores humanos, por amor a Dios.

Quien recorre con éxito este camino hacia el altruismo, hacia la igualdad, libertad, unidad, fraternidad y justicia, recibe la fuerza para practicar cada vez más en la vida diaria –también en la profesión y en la economía– el Sermón de la Montaña y los Diez Mandamientos.

El presente libro quiere mostrar el Sermón de la Montaña a todas las personas que andan en busca, no solo las partes recogidas en la Biblia, sino los textos de enseñanza con explicaciones y profundizaciones que Cristo ha dado en la actualidad a la humanidad a través de Su palabra profética. Además, el presente libro quiere dar al lector una visión de la profunda obra manifestada «Esta es Mi Palabra. A y Ω. El Evangelio de Jesús. La manifestación de Cristo que los verdaderos cristianos han llegado a conocer en todo el mundo».

En esta obra Cristo se basa en el libro «El Evangelio de Jesús. ¿Qué sucedió hace 2000 años?». Sin embargo, como en él muchas cosas están incompletas y a veces han sido transmitidas erróneamente, en la actualidad Cristo explica y rectifica este texto. Aquellos pasajes que Cristo no explica es porque básicamente concuerdan con la verdad de Su vida y obra siendo

Jesús de Nazaret. Por lo demás, Cristo profundiza y amplía textos importantes del «Evangelio de Jesús». Así que en la obra completa «Esta es Mi Palabra» se da ahora toda la verdad a la humanidad, todos los aspectos importantes de la vida de Jesús y de Sus enseñanzas.

En el libro «Esta es Mi Palabra», después de uno o varios versículos del «Evangelio de Jesús» vienen las palabras con las que Cristo en el año 1989 explicó, rectificó y profundizó estos pasajes. Esta estructura también se ha mantenido en la reproducción de este extracto. Con el fin de agrupar los temas del texto y hacerlo más claro, se han puesto títulos.

El presente libro también tiene los Doce Mandamientos de Jesús, que Cristo ha vuelto a dar a la humanidad en la actualiadad en Su obra manifestada «Esta es Mi Palabra» (Cap. 46, 7-21). Son esencialmente los Diez Mandamientos, que Dios manifestó a través de Moisés, que Jesús de Nazaret ha ampliado para Su futuro Reino de Paz en la Tierra.

Para el lector que quiera realizar en su vida los Mandamientos del Sermón de la Montaña de Jesús, la siguiente información también será importante: Después del contenido completo de Su Sermón de la Montaña y después de manifestar el camino hacia Dios en lo más interno de cada ser humano, Cristo aún nos ha manifestado en el año 1991 lo más elevado, la Ley Absoluta, en su obra «Las enseñanzas cósmicas de JESÚS de Nazaret a Sus apóstoles y discípulos que podían captarlas. La vida de los seres humanos verdaderamente plenos de Dios». Es la Ley de los Cielos dada como ayuda a todos aquellos que se han puesto en marcha para volverse de nuevo puros de corazón mediante el cumplimiento de las leyes de Dios.

Dios dio y da. Él no pregunta si los seres humanos reconocen y viven según Su palabra, la palabra de Dios. Quien quiera puede comprobarlo y decidirse. Quien pueda captarlo que lo capte.

Editorial Gabriele - La Palabra

Las bienaventuranzas

Viendo Jesús a la muchedumbre, subió a un monte. Y cuando se hubo sentado, se Le acercaron los Doce; y levantando los ojos hacia Sus discípulos, dijo:

Bienaventurados en el espíritu los pobres, porque suyo es el Reino de los Cielos. Bienaventurados los que sufren, porque ellos serán consolados. Bienaventurados los mansos, porque ellos poseerán la Tierra. Bienaventurados los que tienen hambre y sed de justicia, porque ellos serán saciados.

Bienaventurados los misericordiosos, porque ellos alcanzarán misericordia. Bienaventurados los de corazón puro, porque ellos verán a Dios. Bienaventurados los pacificadores, porque ellos serán llamados hijos de Dios. Bienaventurados los que padecen persecución por su adhesión a lo que es justo, porque suyo es el Reino de Dios.

Bienaventurados seréis cuando los hombres os odien y os expulsen de su colectividad y con mentira digan contra vosotros todo género de males *y desprecien vuestro nombre por vuestro amor al Hijo del hombre. Alegraos en aquel día y saltad de alegría, pues he aquí que grande será en los Cielos vuestra recompensa, pues igual hicieron sus padres con los profetas. (Cap. 25, 1-4)*

Cristo, explica, rectifica
y profundiza la palabra:

El Sermón de la Montaña es el Camino Interno al corazón de Dios, que conduce al perfeccionamiento.

Los bienaventurados verán al Cristo, y poseerán conmigo, el Cristo, la Tierra, en total mansedumbre y humildad.

¡Dichoso aquel que vea la gloria del Dios Padre-Madre en todo! Habrá llegado a ser ejemplo vivo para muchos.

Yo conduzco a los Míos a reconocer la verdad.

Quien procede de la verdad, oye Mi voz, porque él es la verdad y, por eso, también oye y ve la verdad.

Los bienaventurados no tienen miedo y son alegres, pues ven y oyen lo que no ven ni oyen aquellos que todavía se esconden detrás de su yo humano y lo conservan con máximo esfuerzo, para no ser reconocidos.

Sin embargo, los bienaventurados ven en el interior de la cárcel del yo humano y se dan cuenta de los pensamientos más ocultos de sus semejantes. Alumbran ahí dentro con la luz de su consciencia clara y dicen en alta voz a sus semejantes:

«¡Bienaventurados en el espíritu los pobres, porque suyo es el Reino de los Cielos!».

Con las palabras, «los pobres», no se hace referencia a la pobreza material. No es esta la que trae la bienaventuranza en el espíritu, sino la entrega a Dios, desde la cual el ser humano cumple lo que es voluntad de Dios. Esa entrega es riqueza interna.

Con las palabras, «los pobres», se hace referencia a todos aquellos que no ambicionan pertenencias propias y no acumulan bienes. En sus pensamientos y aspiraciones cuenta la vida comunitaria, en la que administran legítimamente los bienes que Dios ha regalado a todos. No dirigen sus esfuerzos y afanes a lo mundano. Sirven al bien común y extienden sus brazos hacia Dios y recorren conscientemente el camino a la vida interna. Su meta es el Reino de Dios en su interior, que quieren anunciar y llevar a todos los seres humanos de buena voluntad. Su riqueza interna es la vida en Dios, para Dios y para su prójimo. Ellos viven el mandamiento «ora y trabaja». Aspiran al espíritu de Dios y reciben de Dios lo que necesitan para su vida terrenal, y más aún. Estos son los bienaventurados en el espíritu de Dios.

«Bienaventurados los que sufren, porque ellos serán consolados».

El sufrimiento del ser humano no proviene de Dios, sino que, el que sufre, o lo ha causado él mismo, o su alma ha asumido en el reino de las almas una parte de la culpa del alma de un hermano o de una hermana, para expiar por ella en la existencia terrenal, a fin de que el alma del hermano o de la hermana pueda entrar en ámbitos de vida interna más elevados.

Quien cargue con su sufrimiento sin inculpar a su prójimo y reconozca en el sufrimiento sus faltas y debilidades, se arrepienta, pida perdón y perdone, recibirá la misericordia de Dios; pues Dios, el Eterno, quiere consolar a Sus hijos y quitarles lo que no sea bueno ni saludable para su alma, ya que cuando el sufrimiento abandona al alma, es decir cuando han sido saldadas las causas que se habían hecho activas en el alma, el ser humano se acerca más a Dios.

«Carga con tu sufrimiento», quiere decir: no te quejes de ello; no acuses a Dios ni tampoco a tu prójimo. Encuentra en tu sufrimiento tu comportamiento pecaminoso que ha llevado a este sufrimiento.

Arrepiéntete, perdona y pide perdón, y no vuelvas a hacer lo que hayas reconocido como pecado. Entonces la culpa del alma puede ser anulada por Dios, y recibirás incrementadamente de Él fuerza, amor y sabiduría.

Cuando te encuentres con un ser humano que está afligido y puesto a prueba por el sufrimiento y te pida ayuda, socórrele y ayúdale hasta donde te sea posible y sea bueno para su alma. Y cuando veas que tu prójimo acepta la ayuda agradecido y con ella se reconstituye, dale más aún, si te es posible.

Sin embargo tú, que traes la ayuda, hazlo de forma altruista. Si solo lo haces por obligación externa, no recibirás por ello recompensa espiritual alguna –y además no harás servicio alguno al alma del afligido y puesto a prueba por el sufrimiento, sino solamente al cuerpo, al vehículo del alma.

«Bienaventurados los mansos, porque ellos poseerán la Tierra».

Mansedumbre, humildad, amor y bondad van dándose la mano. Quien ha llegado a ser amor altruista, también es manso, humilde y bondadoso. Está lleno de sabiduría y fuerza.

Los seres humanos que estén en Mi espíritu, los que amen de forma abnegada, poseerán la Tierra. ¡Oh ved!, el camino al corazón de Dios es el camino al corazón del amor altruista. Del amor altruista fluye la paz de Dios.

Los seres humanos que se han encaminado hacia el corazón de Dios, y aquellos que ya viven en Dios, obran para el Nuevo Tiempo, enseñando a todas las personas de buena voluntad el camino a Dios. Con ello toman posesión de la Tierra más y más en Mi espíritu.

Los que aman de forma abnegada son los que vivirán en el Reino de Dios en la Tierra, en el Reino de Paz. ¡Alegraos, los que ya ahora andáis por el camino al corazón de Dios! Sois en Mí los que preparáis el camino y sois pioneros para el Nuevo Tiempo. Muchos de vosotros encarnarán en el Nuevo Tiempo, en el Reino de Luz, y traerán consigo lo que hayan realizado en Dios, porque ya recorren el camino que lleva allí. Alegraos y estad agradecidos por la purificación y limpieza de vuestras almas, pues Me veréis a Mí y viviréis y estaréis conscientemente en Mí y conmigo.

«Bienaventurados los que tienen hambre y sed de justicia, porque ellos serán saciados».

Quien tiene hambre y sed de la justicia de Dios, es un buscador de la verdad, que anhela la vida en y con Dios. Él será saciado.

Hermano Mío, hermana Mía, que anhelas la justicia, la vida en y con Dios, consuélate y ¡elévate del yo humano pecaminoso! Alégrate, porque ha comenzado el tiempo en que el Reino de Dios se acerca a los seres humanos que se esfuerzan por guardar los mandamientos de la vida.

He aquí que Yo, tu Redentor, Soy la verdad en ti mismo. En ti mismo, pues, Yo Soy el camino, la verdad y la vida.

La verdad es la ley del amor y de la vida. En los Diez Mandamientos, que son extractos de la Ley de Dios omniabarcante, encontrarás las frases señalizadoras para el camino a la verdad. Respeta los Diez Mandamientos, y alcanzarás cada vez más el camino del Sermón de la Montaña, en el que está expuesto en lo fundamental el camino a la verdad.

El camino a la verdad es el camino al corazón de Dios, la vida eterna, que es amor altruista. El Sermón de la Montaña es el camino al Reino de Dios, a las leyes para el Reino de Paz de

Jesucristo. Si te sumerges en ellas y las cumples, alcanzarás la sabiduría divina.

Comprende: nadie debe tener hambre o sed de justicia. Da el primer paso hacia el reino del amor, siendo en primer lugar justo contigo mismo. Ejercítate en una vida y forma de pensar positivas, y poco a poco llegarás a ser una persona justa. Entonces traerás la justicia de Dios a este mundo; y también la representarás, porque estarás cumpliendo la voluntad de Dios, del Señor, desde Su amor y sabiduría.

Comprende: está cerca el tiempo en que sucederá lo que ha sido manifestado. El león yacerá junto al cordero, porque los seres humanos habrán alcanzado la victoria sobre sí mismos –a través de Mí, su Redentor–. Formarán una gran familia en Dios y vivirán en unidad con todos los animales y con la naturaleza toda.

Alegraos, el Reino de Dios ha llegado hasta muy cerca –y con el Reino de Dios también Yo, vuestro Redentor y portador de paz, el soberano del Reino de Paz, del Reino mundial de Jesucristo.

«Bienaventurados los misericordiosos, porque ellos alcanzarán misericordia».

La misericordia de Dios corresponde a la mansedumbre y bondad de Dios y es para todas las almas el portal al perfeccionamiento de la vida. Los seres humanos que a través de Mí, el Cristo, que vivo en el Dios Padre-Madre, hayan desarrollado en sus almas las siete fuerzas básicas de la vida –la ley desde el Orden hasta la Misericordia–, entrarán de nuevo, como seres espirituales puros, a través del portal de la misericordia en el amor altruista, en el Reino de Dios, en los Cielos, y vivirán en paz. El portal al eterno SER es la séptima fuerza básica, la Misericordia –llamada en el espíritu de Dios bondad y mansedumbre–. Todas las personas que practiquen la misericordia, también alcanzarán misericordia y ayudarán a aquellos que se encuentren en el camino a la misericordia.

Comprended: el camino al corazón de Dios es el camino personal de cada cual, en comunidad con los que son afines a él; pues Dios es unidad, y unidad en Dios es comunidad en y con Dios, y con el prójimo.

Quien haya dado los primeros pasos en el camino al perfeccionamiento, cumplirá el mandamiento de la unidad: Uno para todos, Cristo –y todos para Uno, Cristo.

El Sermón de la Montaña es, tal como ha sido manifestado, el camino evolutivo a la vida interna. Todos aquellos que hayan avanzado en este camino de desarrollo al corazón de Dios, ayudarán a su vez a los que estén al comienzo del camino. En y por encima de todos brilla el Cristo, que Yo Soy.

«Bienaventurados los de corazón puro, porque ellos verán a Dios».

El corazón puro es el alma pura que se ha elevado hasta llegar a ser de nuevo un ser espiritual absoluto, a través de Mí, el Cristo en el Dios Padre-Madre.

Las almas puras que de nuevo han llegado a ser seres de los Cielos, vuelven a ser la imagen y semejanza del Padre eterno, y vuelven a ver al Eterno cara a cara. Ellas contemplan, viven y escuchan al mismo tiempo la Ley del Padre eterno, porque de nuevo han llegado a ser espíritu de Su espíritu –la Ley eterna misma.

Mientras los seres humanos y las almas tengan que escuchar aún en sí mismos al espíritu de Dios, todavía no son espíritu de Su espíritu, aún no son la ley misma del amor y de la vida.

Pero quien de nuevo ha llegado a ser la ley del amor y de la vida, ve al Padre eterno cara a cara y está en constante comunicación consciente con Él. También ve la Ley de Dios, la vida procedente de Dios, como totalidad, porque él mismo es la vida y el amor y en ellos se mueve. Quien se mueva en la Ley Absoluta de Dios, también la habrá desarrollado por completo –desde el Orden hasta la Misericordia–. A él le sirven las siete fuerzas básicas del infinito, por estar en unidad y armonía absolutas con todo lo que es.

«Bienaventurados los pacificadores, porque ellos serán llamados hijos de Dios».
Estas palabras, conforme a su sentido, significan: bienaventurados los que mantienen la paz.

Ellos también traerán la verdadera paz a esta Tierra, porque se habrán vuelto pacíficos en su interior. Son conscientemente hijos de Dios.

«Bienaventurados los que padecen persecución por su amor a la justicia, porque suyo es el Reino de Dios».

Comprended: quien Me ha seguido no ha sido respetado por los seres humanos que están apegados al mundo, porque Yo en Jesús también fui despreciado por ellos. En todos los tiempos hubo seres humanos que fueron verdaderos seguidores del Nazareno, que tuvieron que soportar y sufrir mucho.

Los ayes

¡**A**y de vosotros los ricos!, porque habéis recibido en esta vida vuestro consuelo. Ay de vosotros los que ahora estáis saciados, porque tendréis hambre. Ay de vosotros los que ahora reís, porque entristeceréis y lloraréis. Ay de vosotros cuando todos los hombres hablen bien de vosotros, porque así hicieron sus padres con los falsos profetas. (Cap. 25, 5)

Cristo, explica, rectifica
y profundiza la palabra:

«¡Ay de vosotros los ricos!, porque habéis recibido en esta vida vuestro consuelo».

Los seres humanos que consideran sus riquezas como propiedad suya, son pobres en el espíritu. A muchos de los ricos en bienes materiales, se les dio desde la cuna la tarea espiritual, para su vida terrenal, de ser un ejemplo para aquellos ricos que se atan a sus riquezas con un corazón obstinado e intransigente y cuyos únicos pensamientos y aspiraciones son aumentarlas para sí mismos. Una persona que es rica en bienes terrenales, que ha comprendido que su riqueza es un don que tan solo ha recibido de Dios para aportarlo a la gran totalidad para el bien de todos, y que lo administra para todos legítimamente –está realizando la ley de la igualdad, de la libertad, de la unidad y de la fraternidad. Ella está colaborando como donante altruista para que los pobres no tengan que sufrir necesidades ni los ricos vivan con lujo.

De esta manera se producirá paulatinamente un equilibrio, una clase media elevada para todos los que estén dispuestos a cumplir de forma altruista la ley «ora y trabaja». Así, muy paulatinamente crecerá la verdadera humanidad de una colectividad cuyos miembros no acumularán bienes terrenales personales, sino considerarán todo como propiedad común, que les ha sido dada por Dios.

Si el rico considera el dinero y los bienes como algo propio y en razón de sus riquezas es bien visto en el mundo, vivirá en las próximas vidas terrenales –como efecto de sus causas– en países pobres, mendigando el pan que como rico en su día les negó a los pobres. Esto se dará mientras aún sean posibles encarnaciones de este tipo.

El alma de un rico tal tampoco encontrará reposo en los ámbitos de purificación. Las almas pobres en luz, que por su causa tuvieron que soportar sufrimientos y hambre en vestido terrenal, lo reconocerán como aquel que les retuvo sin derecho lo que les habría podido ayudar a salir de los enredos del yo humano. Muchas lo acusarán, y entonces sentirá su alma misma cómo estas sufrieron y pasaron hambre. De esta manera, un alma que como ser humano en vestido terrenal fue rica y bien vista, puede sufrir grandes penas. Estas penas son más grandes que si en vestido terrenal hubiese tenido que mendigar pan.

Comprended: de acuerdo con las leyes del Eterno, a todo el que guarda con altruismo el mandamiento «ora y trabaja» le corresponde lo mismo; pues Dios da a cada cual lo que necesita y aún más. Pero mientras no todos los seres humanos se atengan a este mandamiento, habrá en la Tierra los llamados ricos. Su tarea es distribuir sus riquezas acumuladas y vivir como los que de forma altruista cumplen el mandamiento «ora y trabaja». Si de esta manera no piensan en su bien, sino en el bien de todos, la riqueza interna se volverá paulatinamente hacia afuera, y ninguna persona pasará hambre o necesidades.

¡Ay de vosotros, los ricos, que llamáis a vuestro dinero y vuestros bienes propiedad vuestra, y hacéis que vuestro prójimo trabaje para que vuestros bienes se incrementen! Yo os digo que no veréis el trono de Dios, sino que seguiréis viviendo allá donde están los pies de Dios –en la Tierra, una y otra vez en vestidos terrenales, mientras aún sea posible–. También si fomentáis centros y establecimientos sociales, pero sois mucho más ricos que aquellos que de ahí reciben apoyo, estáis sujetos al satanás de los sentidos, que quiere mantener las diferencias entre pobres y ricos.

Mediante estas diferencias surgen poder y servilismo, envidia y odio. De ello resultan desavenencias y guerras. Por esto los que se agarran a sus riquezas, aunque piensen de vez en cuando socialmente, están sirviendo al satanás de los sentidos y actuando contra la ley de la vida: contra la igualdad, la libertad, la unidad y la fraternidad.

Quien considera que el dinero y los bienes son propiedad suya y los acapara para sí, en lugar de dejar fluir estas energías materiales, es un ladrón según la ley de la vida, ya que sin derecho le está reteniendo a su prójimo una parte de su herencia espiritual; pues todo es energía. Quien la ata mediante el «mi y mío», está actuando contra la Ley, que es energía fluente.

«Ay de vosotros los que ahora estáis saciados, porque tendréis hambre».

El rico y saciado, que solo llena «sus» graneros, está vacío en el corazón. Solo conoce el «mío» y el «tuyo». Sus sentidos y pensamientos giran alrededor de «mis» propiedades, «mis» pertenencias, «mi» pan, «mis» alimentos; «todo esto me pertenece» –este es su mundo–. Por eso, algún día padecerá hambre y necesidades, hasta que comprenda esto: todo participa del SER; todo pertenece a Dios y a todos los seres humanos que se esfuerzan en hacer las obras de Dios: cumplir el amor altruista y la ley de la vida para la Tierra, «ora y trabaja».

Los seres humanos que solo hablan del «mío» y «tuyo», son personas pobres en luz, que ya en esta encarnación preparan otro camino terrenal o un largo caminar de su alma en el reino de las almas, en cualquier caso con atuendo de mendigo.

El alma cegada por la materia, inconscientemente tiene hambre de luz, porque es pobre en luz. Intenta forzadamente compensar esto con cosas externas, tales como riqueza terrenal o codicia; con gula, embriaguez u otras avideces y placeres. Es insaciable.

«Ay de vosotros los que ahora reís, porque entristeceréis y lloraréis».

Quien se ría de su prójimo y se burle de él, algún día estará muy triste y llorará a causa de sí mismo –porque subestimó a aquellos de los que se burló y mofó–. Tendrá que reconocer que en última instancia se rió e hizo escarnio y burla de sí mismo; pues quien condena y juzga a su prójimo, y se ríe, hace escarnio y se burla de él, Me está juzgando y condenando, y está riéndose, haciendo escarnio y burlándose de Mí, el Cristo.

Comprended: quien peca contra el más humilde de Mis hermanos, está pecando contra la ley de la vida y habrá de sufrir por ello. Al mismo tiempo se habrá atado a los que menospreció. Por eso, precaveos y practicad el autocontrol. No lo que entra por la boca contamina a vuestra alma, sino lo que sale de vuestra boca es lo que carga al alma y al ser humano.

«Ay de vosotros cuando todos los seres humans hablen bien de vosotros, porque así hicieron sus padres con los falsos profetas».

Si habláis al gusto de vuestros semejantes, para que os alaben y seáis bien vistos por ellos, sois iguales que los falsificadores de monedas, que por su propio provecho pagan con moneda falsa.

De manera parecida ha ocurrido y ocurre con los falsos profetas. Estos han sido y son bien vistos por el pueblo, porque le han hablado a su gusto y porque los bien vistos por el pueblo les han apoyado, dado que con ello esperaban conseguir alguna ventaja y provecho personales.

Comprended vosotros seres humanos en el Reino de Paz: en el mundo pecaminoso, muchos profetas justos, y también hombres y mujeres iluminados, fueron calumniados y perseguidos –y muchos de ellos martirizados y matados– por los ricos terrenales y poderosos de este mundo, por autoridades de las Iglesias y sus seguidores. En todos los tiempos lo satánico ha utilizado como instrumentos a aquellos que querían quedarse con –e incrementar para sí mismos– su riqueza terrenal y que ambicionaban poder, y también a los que seguían ciegamente a los ricos y a los poderosos.

Esto debéis saberlo para que comprendáis por qué el viejo mundo pecaminoso se hundió de una manera cruel.

Falsos profetas, entre otros, también han sido aquellos que, si bien predicaban el evangelio del amor, no vivían de acuerdo con él. Y también lo han sido todos aquellos que se llamaban «cristianos» y que en su vida diaria se comportaban de un modo indigno para un cristiano. Han sido a menudo elogiados por su arte de oratoria y honrados y alabados por su riqueza y prestigio.

Oh ved que, no obstante, todos los verdaderos profetas e iluminados contribuyeron en el transcurso de los tiempos a que el cristal de la vida interna, con sus muchas facetas de la verdad eterna, reluzca y brille cada vez más. De esta forma se fue edificando, muy paulatinamente, el Reino de Dios en la Tierra.

Para vosotros, amados hermanos y hermanas en el Reino de Paz, se trata de cuidar con cariño, conservar y guardar, como a una flor preciosa, a este ahora perfecto, reluciente y brillante cristal, la vida interna: la ley del amor y de la sabiduría de Dios, Su Orden, Su Voluntad, Su Sabiduría, Su Seriedad, Su bondad, Su infinita irradiación de Amor y Su Mansedumbre.

Vosotros sois la sal de la Tierra

osotros sois la sal de la Tierra, pues todo lo sacrificado debe salarse con sal; pero si la sal ha perdido su sabor, ¿con qué se salará? Para nada servirá ya, sino para tirarla y que la pisoteen bajo los pies. (Cap. 25, 6)

Cristo, explica, rectifica
y profundiza la palabra:

Los justos son la sal de la Tierra.

Una y otra vez llamarán la atención sobre irregularidades en este mundo y pondrán el dedo en la llaga del pecado, pues han ocurrido y ocurren muchas desgracias en este mundo aún pecaminoso –y muchos seres humanos se convirtieron en víctimas por causa del Evangelio.

Los justos que se convirtieron en víctimas deben ser rehabilitados por hombres y mujeres justos, pues todo debe llegar a ser manifiesto por medio de la sal de la Tierra. Ahora, en el tiempo de transición del viejo mundo pecaminoso al Nuevo Tiempo, el tiempo de luz, los justos sacarán la injusticia a la luz y la harán manifiesta, para que aquellos que hayan hecho injusticias se autorreconozcan y hagan penitencia.

Sin embargo, guardaos vosotros, justos, que sois la sal de la Tierra, para que no pierda sabor, para que permanezcáis en la justicia y no os dejéis seducir; pues ¿quién traerá la justicia a este mundo y quién señalará las irregularidades y pecados que los seres humanos han creado? Solo aquellos que conozcan Mi nombre y figuren en el libro del cordero.

Quien ya no sea la sal de la Tierra, irá a parar entre aquellos que han profanado y profanan Mi nombre para sus fines, y han perseguido, calumniado y matado a los justos.

Cuando la sal de la Tierra pierda sabor y el ser humano desprecie a su prójimo, sucumbirá a sus propias causas; hablando en imágenes: se pisoteará a sí mismo. Sus causas no expiadas originarán enfermedades, padecimientos y sufrimiento. El alma pobre en luz pasará necesidades, sintiendo en su propio cuerpo de alma lo que haya causado a su prójimo.

Vosotros sois la luz del mundo

osotros sois la luz del mundo. La ciudad levantada sobre un monte no puede ocultarse. Tampoco se enciende una luz y se la pone bajo el celemín, sino sobre el candelero, y da luz a todos los que están en la casa. Haced por tanto que vuestra luz brille ante los hombres, para que vean vuestras buenas obras y glorifiquen a vuestro Padre en el Cielo. (Cap. 25, 7)

Cristo, explica, rectifica
y profundiza la palabra:

Yo Soy la luz del mundo.

En Mi luz se encendieron cada vez más corazones en ese poderoso cambio de era. Los seres humanos reconocieron la verdad eterna en Mi palabra. Cada vez más personas recorrieron el Camino Interno y aceptaron el regalo de la vida, las enseñanzas y lecciones provenientes de la verdad eterna, para acercarse más a Dios, al eterno SER.

Muchos hombres y mujeres llegaron a ser fieles a Mí, porque cumplieron la voluntad de Dios. Se hermanaron en Mi espíritu y se convirtieron en los pioneros para el Nuevo Tiempo, que establecieron los cimientos para el Reino de Dios en la Tierra y comenzaron a edificar sobre ellos.

Seguidme a Mí

No penséis que he venido a destruir la ley o los profetas; no he venido a destruir, sino a cumplir. Porque en verdad os digo que hasta que Cielo y Tierra pasen, no pasará ni la más pequeña letra ni una tilde de la ley y los profetas, hasta que todo se haya cumplido. Pues ved que hay aquí Uno más grande que Moisés, y ese os dará la ley superior, incluso la ley perfecta, y esta ley obedeceréis. (Cap. 25, 8)

Cristo, explica, rectifica
y profundiza la palabra:

En Jesús de Nazaret enseñé a los hombres y mujeres que Me siguieron, y a todos los que Me escucharon, partes de la ley perfecta, de la Ley Absoluta. También les expliqué que la Ley Absoluta del amor irradia a la ley de Siembra y cosecha, dado que el Espíritu es omnipresente, obrando también en la ley de Siembra y cosecha, la ley de la Caída.

A través de Mí en Jesús de Nazaret, el Cristo encarnado, y a través de todos los demás profetas verdaderos de Dios, el Eterno instruyó a Sus hijos en los ámbitos imperfectos, recordándoles que la ley de la Caída, la ley de Siembra y cosecha, es constantemente activa. Quien no reflexione y dé la vuelta a tiempo, tendrá que sufrir sus causas en forma de efectos. El Eterno ha estado y permanece en el empeño, también en el tiempo actual, de conducir a Sus hijos humanos y a todas las almas hasta Su corazón, hasta la ley del amor eterno, antes de que la cosecha –los efectos de las causas que ellos ocasionaron– venga sobre ellos. El Eterno los ha conducido y los conduce a través de Mí, Cristo, al autorreconocimiento. Les ha dado y les está dando la fuerza para purificar lo que han reconocido y están reconociendo como pecado y falta.

El Cristo, que Yo Soy, vino a esta Tierra, a este mundo, en Jesús de Nazaret, para como Hijo del hombre enseñar a los seres humanos la Ley eterna y vivirla dando ejemplo, a fin de que reconocieran el camino al Padre eterno y cumplieran Su Ley –de modo que pudieran volver a entrar en las viviendas eternas que Él tiene preparadas para todos Sus hijos.

Los seres humanos que Me siguieron a Mí durante Mi tiempo terrenal y realizaron las leyes eternas, fueron Mis verdaderos seguidores.

En las generaciones siguientes hubo cristianismo y pseudocristianismo: verdaderos seguidores, que Me siguieron libremente a Mí, el Cristo, guardando las leyes del Sermón de la Montaña –y pseudocristianos, que solo hablaban de Mí, el Cristo, pero actuaban contra las leyes–. Además también hubo los llamados seguidores forzosos, que surgieron por la cristianización de las masas hecha con coacción por las Iglesias.

Comprended: en la Ley eterna no existe la coacción. Dios, el Eterno, ha dado a todos Sus hijos el libre albedrío. Quien se decide libremente, tiene, con la libre decisión, la fuerza para lo que caracteriza el cristianismo auténtico: igualdad, libertad, unidad, fraternidad y justicia. Todas las coacciones vienen de la ley de Siembra y cosecha, que también es llamada ley de la Caída. Al ser humano le ha sido indicado elegir libremente su camino espiritual. Yo, Cristo, he ofrecido y ofrezco el camino al corazón de Dios, pero no coacciono a nadie a seguirlo. Quien coacciona a su prójimo, vive bajo la coacción de la ley de la Caída y personifica la forma de pensar de la Caída.

Algunas de las llamadas confesiones cristianas obligan a sus creyentes al bautismo con agua. Ya a los niños pequeños, cuyo libre albedrío todavía no ha sido desarrollado, y que por tanto aún no pueden decidir por sí mismos, se les impone el ser miembros de una Iglesia, mediante el bautismo con agua, y con ello el participar en sus restantes rituales.

Esta es una intervención en el libre albedrío de la persona, lo que equivale a una cristianización forzosa. Estos son sucesos que discurren en la ley de la Caída.

A las personas que a Mí, Cristo, no Me aceptan ni Me acogen libremente desde el más profundo convencimiento interno, les resulta con frecuencia muy difícil entender y aceptar correctamente los Diez Mandamientos, que son extractos de la Ley eterna, porque estos han sido relegados a un segundo plano mediante las muchas mundanalidades, formas dogmáticas, ritos, costumbres y cultos. En las confesiones, estas mundanalidades han llegado a ser lo principal; sin embargo, no tienen nada en común con el cristianismo interno, la religión interna, sino que en parte proceden directamente de los tiempos del politeísmo y de la idolatría y, con ello, del ámbito de los planos de la Caída.

Solo cuando las personas se sueltan voluntariamente de los dogmas y formas rígidas que les fueron impuestos, de ritos y cultos, así como de sus propias ideas sobre Dios, pueden ser conducidas paulatinamente a su interior, a su verdadero ser. Ahí, en su ser interno, se encuentran como seres verdaderos en Dios y como habitantes del Reino de Dios, que está dentro de cada persona. Esta vida interna es la verdadera religión, la religión interna.

Comprended: la eterna Ley universal omni-abarcante, la Ley de los Cielos, es inamovible. Es la ley de todo lo que pertenece al SER puro. Por la Caída se formó la ley de Siembra y cosecha, que solo puede ser disuelta por la realización de las leyes eternas. Sin embargo, no puede ser esquivada. La ley de Siembra y cosecha obrará en cada alma hasta que los pecados hayan sido reconocidos, purificados, expiados y entregados a Mí, el Cristo de Dios. Entonces la ley de la Caída habrá sido abolida en el alma; en consecuencia, el alma estará en gran medida liberada de sus impurezas. Llegará a ser de nuevo un ser puro en Dios, que vive la Ley Absoluta, dado que aspira a la Ley Absoluta omnirregente del amor y de la vida.

La ley de Siembra y cosecha tendrá validez hasta que todo lo contrario a la Ley divina haya sido saldado y transformado en energía positiva y todos los seres vivan de nuevo en Dios, del cual surgieron. En la medida en que todos los seres provenientes de Dios hayan regresado al corazón de Dios, a la Ley Absoluta, todos los ámbitos de purificación –todos los ámbitos parcialmente materiales y materiales, incluyendo la Tierra– se transformarán en energía cósmica y volverán a vibrar en la Ley Absoluta. Entonces la ley de la Caída estará abolida, y el amor de Dios estará de forma consciente y omnirregente en todo lo que es, en cada ser.

No será quitada ni una tilde de la Ley eterna, que trajeron los verdaderos profetas anteriores y posteriores a Mí, y que viví dando ejemplo en Jesús de Nazaret.

Cuando se dice, *«ni la más pequeña letra»*, con ello se hace referencia a cada aspecto de la verdad eterna, y no a la letra ni a la palabra de los seres humanos como tal. Las palabras humanas a menudo solo son símbolos, que esconden lo más interno. Solo cuando el ser humano puede percibir lo que hay en el interior del lenguaje simbólico, capta la verdad y el sentido de la vida, que está oculto en lo profundo de las palabras humanas.

«*La ley superior*», es el paso a la ley perfecta. Les es enseñada a los seres en gran medida puros que vienen de la Tierra y de los reinos de las almas, en los niveles preparatorios que se encuentran ante el portal del Cielo. La ley superior es el último peldaño de enseñanza ante el portal del Cielo. Muestra a los seres en gran medida puros cómo se activa nuevamente la irradiación legítima en el cuerpo espiritual, para que pueda ser utilizada en el infinito.

Siendo Jesús de Nazaret enseñé partes de la ley perfecta, de la Ley Absoluta. La verdad completa tuvo que quedar aún oculta para los seres humanos de antaño, porque todavía estaban demasiado atados a la creencia en los dioses y orientados a las múltiples tendencias religiosas de aquel tiempo. Por eso hablé según el sentido siguiente: cuando haya llegado el tiempo, Yo, el Espíritu de la verdad, os conduciré a toda la verdad.

En el monte Gólgota –que significa lugar de las calaveras– fui crucificado por los romanos, porque el pueblo judío no Me reconoció ni Me acogió como Mesías. Aunque –recorriendo de arriba abajo la región del valle del Jordán– prediqué, enseñé, sané y di muchas señales de Mi divinidad, el obstinado pueblo judío permaneció sujeto al clero de los templos, y, por tanto, se hizo cómplice de la muerte de Jesús de Nazaret.

Con las palabras cuyo sentido es, «Está consumado», los destellos redentores se introdujeron en todas las almas cargadas y caídas. Con ello, Me convertí en –y sigo siendo– el Redentor de todos los seres humanos y almas.

He obrado y sigo obrando como Cristo de Dios. En todas las generaciones hasta el tiempo actual Me he manifestado y Me manifiesto a través de verdaderos instrumentos de Dios, a través de seres humanos con un alma en gran medida purificada.

En este poderoso cambio de era en que el tiempo de luz se acerca cada vez más a los seres humanos, enseño la Ley eterna en todas sus facetas y cada vez más seres humanos recorren el sendero hacia el interior, que va al amor de Dios.

Ahora ha llegado el tiempo que anuncié siendo Jesús de Nazaret: «hoy todavía no lo podéis soportar, es decir captar, pero cuando venga el Espíritu de la verdad, os conducirá a toda la verdad». Ahora estoy en espíritu entre los Míos, los fieles caminantes que van al eterno SER, a la consciencia de Mi Padre, y les enseño la Ley absoluta y eterna, para que también aquellos que vivan en el Reino de Paz la cumplan y con ello vivan en Mí y Yo a través de ellos.

Mis palabras son vida, son la Ley eterna. Persistirán en los caminantes que van a la vida eterna y también en muchos relatos escritos –así también en el presente libro para el Reino de Paz de Jesucristo.

Comprended: solo la Ley eterna del amor hace libre al ser humano –no la ley de Siembra y cosecha–. Esta solo le trae sufrimiento, enfermedad, necesidades y padecimiento.

Cumple los Mandamientos, solo después enseña

Quien quebrante uno de estos mandamientos que Él dará, y enseñe a la gente a hacer lo mismo, será llamado el más pequeño en el Reino de los Cielos; pero el que los guarde y enseñe, será llamado grande en el Reino de los Cielos. (Cap. 25, 9)

Cristo, explica, rectifica
y profundiza la palabra:

Los Diez Mandamientos, que Dios dio a Sus hijos humanos por medio de Moisés, son extractos de la Ley eterna de la vida y del amor. Quien infringe estos Mandamientos, y a sus semejantes tan solo los enseña, pero sin guardarlos él mismo, es un falso maestro. Está pecando contra el Espíritu Santo, siendo este el pecado más grande. Este falsificador de monedas utiliza el amor de Dios, la ley de la vida, para un fin propio. Con ello abusa de la Ley eterna. Cada abuso es un robo, y cada ladrón es un perseguido y acosado que tarde o temprano será alcanzado y convicto por sus propios hechos, por sus propias causas; pues Dios es un Dios justo, y por Él todo se hará manifiesto, tanto lo bueno como lo menos bueno y lo malo.

En cambio, quien guarda la ley del amor y de la vida, es decir la cumple en la vida diaria, y enseña a los seres humanos lo que él mismo ha realizado, es un verdadero maestro espiritual. Tiende a los seres humanos el pan de los Cielos, y saciará con él a muchos. Quien dé de lo que él mismo ha cumplido será inundado por sabiduría y fuerza divinas y, cuando haya llegado el tiempo, brillará como una estrella en el cielo, ya que el ser humano inundado por Dios toma de la corriente de la salvación y da de forma altruista a los que tienen hambre y sed de justicia.

Comprended: a través de tales hombres y mujeres justos viene a este mundo la Ley eterna del amor y de la vida. Quien en consecuencia guarde y enseñe la Ley eterna, será llamado grande en el Reino de los Cielos; es decir, cosechará en el Cielo una gran recompensa.

Vive según tu reconocimiento

En verdad, los que crean y obedezcan salvarán su alma, y los que no obedezcan la perderán; porque os digo que si vuesta justicia no es mayor que la de los escribas y fariseos, no entraréis en el Reino de los Cielos. (Cap. 25, 10)

Cristo, explica, rectifica
y profundiza la palabra:

La afirmación, «*...los que crean y obedezcan salvarán su alma, y los que no obedezcan la perderán*», significa: quien crea y cumpla las leyes de Dios, salvará su alma de la rueda del renacimiento, que le atraerá a la carne hasta que haya expiado todo lo que una y otra vez le ha atraído a las encarnaciones.

Comprended: la sola fe en la ley de la vida no basta. Tan solo la fe en la vida y la realización de las leyes de la vida conducen al ser humano y al alma fuera de la rueda del renacimiento.

Quien no guarda las leyes de Dios, está traicionando a Dios y vendiendo su alma a las tinieblas. Con ello tapa la luz de su alma, su verdadera vida. Esta persona vivirá entonces en el pecado, y el alma en el sueño de este mundo. La ley de la encarnación, la rueda del renacimiento, que atrae al alma a la encarnación, aún será activa por cierto tiempo, para que el alma encarnada capte que no es de este mundo, sino que está en vestido terrenal para desprenderse de lo que es humano – para sacar a la luz lo que es divino, su verdadera vida eterna.

No todos los que conocen los signos de escritura los interpretan solo según la letra –sino según el sentido–. Por eso hay que decir: si vuestra justicia no es mayor que la de muchos escribas –que fingen ser justos y enseñan Mi Ley, pero sin cumplirla ellos mismos–, no entraréis en el Reino de los Cielos.

Por eso no os atéis a opiniones y puntos de vista de los seres humanos. Realizad lo que hayáis captado de la ley de la vida; entonces veréis los siguientes pasos que llevan a legitimidades más elevadas.

Comprended: la justicia de Dios es el amor y la sabiduría de Dios. Quien no los desarrolla dentro de sí, tampoco los irradia, ni ve las profundidades del eterno SER ni llega hasta el fondo de su verdadera vida. Su vida terrenal es un vegetar; vegetando, se le pasa de largo la verdadera vida. Tanto en este mundo como en el Más allá, será un espiritualmente muerto. No tendrá ni en esta existencia terrenal ni en el Más allá la orientación correcta, porque no habrá vivido de acuerdo con las leyes de la vida. No es sabio, sino que solo transmite el saber que ha registrado. Con ello llega a ser un seguidor del pecado y, por último, un pecador. Obra contra la Ley eterna y cae con ello cada vez más profundamente en la ley de Siembra y cosecha.

Reconcíliate con tu prójimo

i vas, pues, a presentar tu ofrenda sobre el altar, y te acuerdas de que tu hermano tiene algo contra ti, deja tu ofrenda ante el altar, ve primero a reconciliarte con tu hermano y luego vuelve a presentar tu ofrenda. (Cap. 25, 11)

Cristo, explica, rectifica
y profundiza la palabra:

Si deseas consagrarme tu vida a Mí, el Cristo, y quieres entregarme tus faltas y pecados y reconoces que aún no has hecho las paces con tu prójimo, deposita por de pronto el pecado ante el altar interno. Ve a ver a tu prójimo y reconcíliate con él –y entonces, si ya no quieres seguir haciendo algo igual o parecido, que te ha llevado al pecado, coloca este sobre el altar–.

El altar se encuentra en lo más interno de tu templo de carne y hueso. Luego, el Espíritu del amor y de la vida transformará el pecado en fuerza y vida; pues de lo que tú libremente, sin coacción, Me entregues gustosamente, es decir, no volviendo a hacer algo igual o parecido, de esto alcanzarás la liberación. Tu alma recibirá entonces incrementadamente la luz que proviene de Mí.

Tened en cuenta la siguiente legitimidad: cuando hayáis pecado contra vuestro prójimo exclusivamente en pensamientos, con pensamientos faltos de amor, envidiosos, vengativos, celosos o llenos de odio, no vayáis a él para hablar de esto con él. Sabed que vuestro prójimo no conoce vuestro mundo de pensamientos. Si de palabra lo hacéis manifiesto, él reflexionará sobre ello.

Venid solo a Mí, el Cristo, a Mí que estoy en vuestro interior, arrepentíos de vuestros pensamientos y enviad al alma de vuestro prójimo, al mismo tiempo, pensamientos positivos altruistas, pensamientos pidiéndole perdón y pensamientos de unión interna. Entonces Yo disolveré lo que haya sido causado en pensamientos. Y si no volvéis a pensar algo igual o parecido, ya estaréis perdonados.

Comprended: si habláis a vuestro prójimo de vuestros pensamientos humanos podéis, eventualmente, tocar en él aspectos humanos en vías de transformación, que podrían abrirse de nuevo en él. Así comenzaría nuevamente a pensar y a hablar de forma negativa, y volvería a cargar su alma.

La ley dice: no solo carga su alma el que ha sido impulsado por vuestro comportamiento erróneo a reflexionar, sino también cargáis vuestra alma vosotros, que habéis expresado vuestros pensamientos y con ello habéis activado en vuestro prójimo aspectos humanos que estaban en proceso de transformación.

Si en cambio han salido de vuestra boca ilegitimidades inculpando a vuestro prójimo, insultándolo y difamándolo –también si él se entera de esto por segundos o terceros– id y pedidle perdón. Si os ha perdonado, también os habrá perdonado el Padre celestial eterno en Mí, el Cristo. Pero si no os ha perdonado, tampoco os podrá perdonar vuestro Padre celestial en Mí, el Cristo. No obstante el amor del Dios Padre-Madre tocará cada vez más el corazón todavía rígido, a fin de que la persona reflexione en menos tiempo y os perdone, de manera que también Dios en Mí, el Cristo, os pueda perdonar y así esté saldado y transformado todo lo que en su día fue contrario a la Ley divina.

¡Tened cuidado con vuestra propia lengua!; pues lo que de ilegítimo sale de vuestra boca, puede causar a vuestro prójimo y a vosotros mismos un daño más grande que vuestros pensamientos que habéis reconocido a tiempo, antes de que tengan efecto, y que Me habéis entregado a Mí, el Cristo en vosotros.

Comprended otra legitimidad: vosotros no veis ni escucháis pensamientos –y, sin embargo, están ahí–. Vibran en la atmósfera, y a quien piense algo igual o parecido le pueden influenciar. Si Me los entregáis a tiempo, serán disueltos –a no ser que el alma de vuestro prójimo los haya registrado ya en sí misma–. En este caso, seréis conducidos de manera que podáis hacer el bien a esta persona sobre la que habéis pensado negativamente. Y si hacéis el bien de forma abnegada, sin expresar vuestros anteriores pensamientos, en el alma de aquel sobre el que habéis pensado negativamente se borrará lo que ya se había grabado. Entonces también se habrá borrado en vosotros lo que vuestra alma irradió.

Perdona y pide perdón

Llega *lo antes posible a un acuerdo con tu adversario, mientras aún vas con él de camino, para que tu adversario no te entregue en su día al juez y el juez te entregue al alguacil, y no salgas hasta que hayas pagado el último céntimo. (Cap. 25,12)*

Cristo, explica, rectifica
y profundiza la palabra:

«Llega lo antes posible a un acuerdo con tu adversario, mientras aún vas con él de camino...», significa: ¡no dejes pendiente el pecado que hayas cometido contra tu prójimo! Purifícalo lo antes posible, pues todavía está contigo en el camino de la vida en la existencia terrenal. Si su alma se ha ido de la Tierra, eventualmente tendrás que esperar hasta que de nuevo pueda haber un encuentro y le puedas pedir perdón.

Comprended: el juez es la ley de Siembra y cosecha. Cuando se active, el ser humano no saldrá de allí hasta que haya pagado *«el último céntimo»* –es decir, hasta que esté expiado todo lo que ha causado y de lo cual no se arrepintió a tiempo.

Aprovechad por tanto la oportunidad de pedir perdón a vuestro prójimo y de perdonarle, mientras todavía caminéis con él en la Tierra y el pecado no se haya grabado aún en el alma, convirtiéndose en causa. Quien no perdone y pida perdón, tendrá que cargar con los efectos hasta que haya pagado «el último céntimo».

Poneos por lo tanto de acuerdo cuanto antes con vuestro prójimo. Si las causas –por ejemplo, desavenencias, rivalidad o envidia– ya han echado raíces en vuestra alma y si esto también ha sucedido en vuestro prójimo, contra el cual estáis, es posible que vuestro prójimo no os perdone tan pronto –tampoco aunque hayáis reconocido vuestro pecado y os hayáis arrepentido–; pues en su alma puede haberse endurecido el complejo de la culpa, a través de la forma de pensar igual o parecida que habéis provocado en él. Mediante vuestro comportamiento pecaminoso, que habéis alimentado durante bastante tiempo, también él ha fomentado en su alma el rencor contra vosotros –y ha creado, como asimismo vosotros, un amplio campo energético contrario a la Ley divina, el complejo de la culpa, que ahora debe ser trabajado por ambos–. El momento de purificar se os puede presentar aún en esta existencia terrenal, o en los reinos de las almas o en posteriores encarnaciones.

Comprended: antes de que un golpe del destino sobrevenga al ser humano, este es advertido por el Espíritu de la vida, que también es la vida del alma, y también por el espíritu protector o por personas. Las advertencias provenientes del Espíritu son sensaciones finísimas, que efluyen del alma o que el espíritu protector infiltra en el mundo de sensaciones o de pensamientos del ser humano. Advierten a la persona para que cambie de forma de pensar o para que purifique lo que ha causado. El Espíritu eterno de la vida y el espíritu protector pueden impulsar a seres humanos a acercarse a aquel que está a punto de sufrir un golpe del destino. Se acercan a la persona en cuestión y comienzan una conversación que, de modo espontáneo, se refiere al asunto. De ahí podría ser reconocida la causa del golpe del destino que se está preparando, y ser purificada.

Podéis ver así que la luz eterna da advertencias e indicaciones de múltiples maneras –tanto al prójimo con el que habéis creado causas como a vosotros mismos.

También mediante impulsos que vienen a través de acontecimientos del día en curso el ser humano es advertido a tiempo, antes de que lo que ha causado le sobrevenga en forma de destino.

Quien tome en serio tales advertencias y purifique lo que haya reconocido de pecados, mediante el arrepentimiento, el perdonar, el pedir perdón y el reparar el mal, no tendrá que sufrir lo que haya causado. Si el pecado es grande, es posible que tenga que cargar con una parte de este, pero no con la totalidad de lo que quería desprenderse del alma. Sin embargo, quien haga como si no viera ni oyera ninguna de las advertencias, porque se aturde con cosas humanas, tendrá que cargar con las causas creadas por él hasta que esté *pagado el último céntimo».*

Ama a tus enemigos

Habéis oído que se dijo: amarás a tu prójimo y odiarás a tu enemigo; pero Yo os digo a vosotros que escucháis: amad a vuestros enemigos, haced el bien a los que os odian. (Cap. 25, 13)

Cristo, explica, rectifica
y profundiza la palabra:

El mandamiento de la vida dice: «*amad a vuestros enemigos, haced el bien a los que os odian*».

Cada persona debería ver en cada uno de sus semejantes a su prójimo, a su hermano o a su hermana. También en los enemigos aparentes deberíais ver a vuestro prójimo y esforzaros en amarlos de forma altruista.

El enemigo aparente puede serte incluso un buen espejo para el autorreconocimiento, cuando tú te irritas a causa de la hostilidad –que puede tener muchas caras–; pues cuando algo os irrita en vuestro prójimo, hay algo igual o parecido en vosotros.

Sin embargo, si puedes perdonar a tu prójimo, que te ha inculpado y acusado, sin mayor irritación, no hay analogía alguna en ti; es decir que en ti no hay algo igual o parecido y, por tanto, de eso no hay resonancia en tu alma. Es posible que tú, ya en vidas pasadas, hayas purificado y expiado aquello de lo que te inculpan –o que nunca lo hayas edificado en tu alma–. Entonces solo estaba en el alma del que ha pensado y hablado contra ti y te ha inculpado. Si en ti no resuena entonces alteración alguna, si no surge un eco de tu alma, en ese caso has sido espejo para él. Que él mire o no en este espejo puesto para su yo humano –esto, déjaselo a Dios y a él, Su hijo.

Comprende: con solo verte se movió su conciencia, reflejándole que en su día, por ejemplo, pensó y habló de ti de modo contrario a la Ley divina. Ahora tiene la posibilidad de purificar esto. Si lo hace, a base de arrepentirse y no volviendo en adelante a pensar o a hacer algo igual o parecido, eso es borrado de su alma, es decir, transformado. Solo entonces te verá con los ojos de la luz interna.

Un signo de que en un alma se ha transformado algo de contrario a la Ley divina en positivo, es la benevolencia y comprensión para con el prójimo.

Bendecid a los que os maldicen

Bendecid a los que os maldicen y orad por los que por maldad abusan de vosotros, para que seáis hijos de vuestro Padre que está en los Cielos, que hace salir el sol sobre malos y sobre buenos y envía lluvia sobre los justos y los injustos. (Cap. 25, 14)

Cristo, explica, rectifica
y profundiza la palabra:

Quien guarda estos mandamientos, está siendo justo con sus semejantes y a través de su vida en Dios conducirá a muchas personas a la vida en Dios. Dios no sanciona ni castiga a Sus hijos. Lo dicen ya las palabras: «...hace salir el sol sobre malos y sobre buenos y envía lluvia sobre los justos y los injustos».

Dios es el donante de la vida, porque Él mismo es la vida. De la Ley eterna de la vida, Dios dio a los seres humanos el libre albedrío, para decidirse libremente a favor o en contra de Él.

Quien esté a Su favor, guardará las leyes eternas del amor y de la vida y también recibirá de la Ley eterna los dones del amor y de la vida. Quien sienta, piense y actúe contra la Ley eterna, recibirá lo que haya sembrado, es decir lo que haya sentido, pensado, hablado y hecho.

Cada cual recibe, por lo tanto, lo que él mismo ha sembrado. Quien siembre buena semilla, es decir, cumpla las leyes de Dios, también cosechará buenos frutos. Quien siembre semillas humanas, que introduce como sentimientos, pensamientos, palabras y actos humanos en el campo de su alma, también cosechará frutos análogos.

En ello veis que Dios no interviene en la voluntad del ser humano. Él es donante, ayudante, amonestador, guía y protector de aquellos que se esfuerzan en hacer Su voluntad, porque se vuelven hacia Él. Quien Le vuelva la espalda, creando su propia ley humana, también será conducido por su propia «ley egoísta» humana.

Dios no interviene por tanto en la ley de Siembra y cosecha. Dios ayuda a Sus hijos de múltiples maneras, y los que Le ruegan de corazón y cumplen lo que Yo, Cristo, en Dios, Mi Padre, les he mandado –amarse los unos a los otros de forma altruista–, están en Dios y Dios actúa a través de ellos.

Acepta a tu prójimo de corazón

Pues si amáis a los que os aman, ¿qué recompensa tendréis?; pues también los pecadores aman a los que les aman. Y si hacéis el bien a los que os hacen el bien, ¿qué recompensa tendréis?; pues también hay pecadores que hacen lo mismo. Y si saludáis solamente a vuestros hermanos, ¿qué hacéis de más, que los otros no hagan? ¿No hacen así también los publicanos? (Cap. 25, 15)

Cristo, explica, rectifica
y profundiza la palabra:

Acepta y acoge, por consiguiente, en tu corazón a tu prójimo, incluso si él no te ama; aun si no te apoya y te desprecia, rehusando saludarte. ¡Ámale tú! Apóyale con diligendia altruista y salúdale –aunque solo sea en pensamientos, si no desea que le saludes con palabras–. También un saludo de corazón, que es dado en pensamientos, entra en su alma y traerá a su debido tiempo buenos frutos.

De modo que cuidad de comportaros como el sol, que da –tanto si la persona quiere verlo como si no, ya desee lluvia o tempestad, ya pida frío o calor.

Dad amor de forma altruista, como el sol da a la Tierra, y respetad a todos los seres humanos, a todo lo que es. Entonces recibiréis la recompensa en el Cielo.

No habléis al gusto de los seres humanos. No hagáis diferencias, como las personas que solo se asocian y solo están con aquellos que comparten su manera de pensar y hacer y condenan a los que piensan y actúan de otra manera.

No te ates a personas o a cosas

Y si deseas algo tanto como tu vida, pero que te desvía de la verdad, renuncia a ello, pues es mejor entrar en la vida y poseer la verdad, que perderla y ser arrojado a las tinieblas exteriores. (Cap. 25, 16)

Cristo, explica, rectifica
y profundiza la palabra:

Lo que el ser humano desea para sí mismo, está relacionado con lo humano, con su yo inferior. Todo esto es atadura. Atadura significa estar atado a personas y cosas. Quien se ata a personas y cosas, es decir, quien está atado a algo, disminuye el flujo de las energías cósmicas.

Si por tus propias ventajas atas a una persona a ti, estás persiguiendo con tu voluntad personal intereses que te apartan de la vida en Mí, el Cristo. Con ello abandonas la vida impersonal altruista, te enredas en querer poseer, ser y tener, y empobreces interiormente en vida espiritual. Si no renuncias a tiempo al querer poseer, ser y tener, algún día lo perderás todo.

Si no te autorreconoces en los efectos – por ejemplo con la pérdida de tus bienes, o en la enfermedad, o en las necesidades y el sufrimiento–, si no te arrepientes y reparas el mal hecho, caminarás como alma y como ser humano en las tinieblas, por haber pensado solo en ti, en tu bien personal.

Por tanto, autorreconócete cada día de nuevo, y realiza las leyes divinas diariamente, renunciando a desear algo para tu yo personal. Permanece en la verdad –y así fiel a la Ley de Dios–. Entonces entrarás en la vida que es tu verdadero SER y serás rico en ti, porque habrás abierto el Cielo en ti.

A quien no sea un recipiente de la verdad, tampoco le puede afluir la verdad, que es impersonal. Un ser humano tal está centrado en sí mismo y solo acumula para sí mismo. Este comportamiento conduce a que se aparte de la fuerza eternamente fluente de Dios, llevando una vida «en la ciénaga»: a esta ciénaga solo afluye lo contrario a la Ley divina, y apenas efluye algo de ella. Esto significa que experimentará en carne propia lo que haya acumulado en su ciénaga.

La verdad eterna fluirá, en cambio, en el ser humano y a través del ser humano que sea un recipiente de la verdad. Él recibirá de Dios y dará de Dios, y con ello llegará a ser un manantial de la vida para muchos. La energía cósmica de vida, el manantial de todo lo que es, fluye a través de todas las formas del SER, y a través de aquellos seres humanos y almas que se han vuelto hacia Dios, que por tanto se han convertido en recipientes de Dios. Comprended: la fuerza eternamente fluente fluye solo a través de los seres humanos y las almas que no acumulan para fines egoístas, sino que dan de modo altruista. ¡Solo a través del que da de manera altruista fluye incesantemente la corriente de Dios! Si Dios puede fluir por el ser humano sin impedimento, traspasándolo, este ser humano vivirá en la verdad, en Dios, en la vida que perdura eternamente. Solo tales personas dan de Mí, la vida, porque están en Mí, la vida y la verdad.

Vuélvete perfecto como lo es tu Padre en los Cielos

Y si deseas algo que causa pena y preocupación a otro, arráncalo de tu corazón. Solo así obtendrás paz. Pues mejor es padecer preocupación que ocasionar preocupación a aquellos que son más débiles que vosotros.

Sed, pues, perfectos, como perfecto es vuestro Padre en el Cielo. (Cap. 25, 17-18)

Cristo, explica, rectifica
y profundiza la palabra:

Todo lo no divino que sale de ti –tal como pensamientos, palabras y actos contrarios a la Ley divina–, no solo puede ocasionarle pena y preocupación a tu prójimo, sino también a ti mismo; pues lo que el ser humano siembre, es lo que cosechará.

La cosecha se corresponde con la siembra. Siempre es cosechada por el que ha sembrado –no por su prójimo–. Tu prójimo no ha sembrado tu siembra ni cosechará tu cosecha.

Tus semillas, sin embargo, pueden ser semillas voladoras –como las semillas de diferentes clases de flores, que son llevadas por el viento después del tiempo de la floración y enraizan allí donde pueden afianzarse–. De la misma forma tus pensamientos, palabras y acciones pueden también caer, como semillas voladoras, en el campo del alma de tu prójimo y brotar, si encuentran allí condiciones iguales o parecidas.

Algo igual o parecido a lo que hay en ti está en él si se irrita y enfada por tus palabras y actos, si con ello le ocasionas preocupación y él piensa, habla o hace algo igual o parecido, estimulado por tus semillas voladoras. Pero tú has provocado esto y, en la ley de Siembra y cosecha, se te pueden pedir cuentas. Te ha sido mandado que ames de forma altruista a tu prójimo y que le sirvas y ayudes –y no que le ocasiones pena y preocupación con tu comportamiento.

Si entonces tu prójimo carga su alma por tu comportamiento ilegítimo, por haber irrumpido tú en el campo de su alma y haber hecho entrar en vibración causas bajo las cuales luego tendrá que sufrir y llevar una pesada carga, tú estarás atado a él. Y si a tu comportamiento reacciona de forma igualmente ilegítima, se atará a su vez a ti. En esta o en otra forma de existencia tendréis que purificar esto juntos.

Comprended: una pequeña e insignificante semilla voladora del yo humano puede crear una gran causa, que ya lleva en sí su efecto.

Comprended entonces: ¡cada causa debe ser eliminada!

Otro ejemplo: si tú envías como semillas voladoras tus pensamientos, palabras y actos negativos, y tu prójimo oye lo que dices sobre él, pero no hace caso porque en el campo de su alma no tiene algo análogo a eso, entonces solo tú cargarás tu alma, y estarás atado a él –y no él a ti–. Tu prójimo puede entrar en el Cielo, al no haber aceptado ni acogido tus semillas negativas, porque no pensó ni habló de modo igual o parecido al tuyo. Sin embargo, si mediante tu comportamiento erróneo has despertado causas en tu prójimo que en él no habrían tenido que llegar a su efecto, puesto que podría haberlas purificado en un tiempo posterior sin penas ni preocupaciones, tú tendrás la culpa más grande y tendrás que cargar con la parte que has causado en tu prójimo.

Así pues, si tienes que soportar penas y preocupaciones, no le eches la culpa a tu prójimo por tu estado. Tú mismo eres el causante –y no tu prójimo–. Tus penas y preocupaciones son la siembra en tu alma, que ha brotado –y que también se muestra en tu cuerpo, como cosecha.

Solo Yo, Cristo, tu Redentor, te puedo liberar de ello –y solo cuando te arrepientas y no vuelvas a hacer algo igual o parecido–. Entonces la carga habrá sido quitada de tu alma y te irá mejor en tu vida.

Comprended: quien se da cuenta de que sus penas y preocupaciones son sus propias siembras y acepta su sufrimiento, muestra verdadera grandeza interna. Este es un signo de crecimiento espiritual; y el crecimiento espiritual lleva paulatinamente a la perfección.

Los seres puros son perfectos; son la imagen y semejanza del Dios Padre-Madre. Viven en Dios, y Dios vive a través de los seres puros.

Bienaventurados los de corazón puro, porque ellos verán a Dios –ya que han llegado a ser nuevamente la imagen y semejanza del Padre celestial–. De un corazón puro entregado a Dios, fluyen dulzura y humildad.

Recorre el camino hacia el interior

Estad atentos a no dar vuestras limosnas delante de otras personas, para ser vistos por las personas. De otra manera, no tendréis recompensa en vuestro Padre en los Cielos. Cuando des limosna, no vayas pregonándolo, como hacen los hipócritas en las sinagogas y en las calles para ser alabados por otras personas. En verdad os digo que ya tienen su recompensa.

Cuando des limosna, no dejes que tu mano izquierda sepa lo que hace tu mano derecha, para que tu limosna permanezca oculta; y el Uno, que ve lo oculto, te recompensará abiertamente. (Cap. 26, 1-2)

Cristo, explica, rectifica
y profundiza la palabra:

El Sermón de la Montaña vivido es el Camino Interno al corazón de Dios. Lo que la persona no hace con altruismo, lo hace para sí mismo. Ser altruista es amar a Dios. El interés personal es amor humano. Quien solo haga el bien a su prójimo cuando este se lo agradezca y alabe sus buenas obras, no lo hace para su prójimo, sino para sí mismo. El agradecimiento y el elogio son su recompensa. Con esto ya ha sido recompensado, y no recibirá recompensa alguna de Dios. Solo lo altruista es recompensado por Dios. Lo altruista crece y madura solo en la persona que ha dado los primeros pasos hacia el Reino del Interior, es decir, que ha realizado.

Los primeros pasos en esa dirección consisten en controlar los pensamientos: pon en lugar de pensamientos egocéntricos, negativos, cavilosos o pasionales, pensamientos positivos, serviciales, alegres y nobles, y pensamientos sobre lo bueno que hay en el ser humano y en todo lo que se te presenta. Entonces llegarás a tener paulatinamente tus sentidos bajo control. Entonces tampoco desearás nada de tu prójimo ni esperarás nada de él. En el transcurso posterior del Camino Interno solo dirás cosas positivas y esenciales. Así llegarás a tener bajo control tu yo humano, porque habrás aprendido a reposar en ti. Tu alma se esclarecerá cada vez más, y encontrarás en todo lo que se te presente lo bueno, pudiendo llamar la atención sobre ello y expresarlo de la manera correcta. Cuando hayas aprendido esto, también llamarás la atención legítimamente sobre lo que es contrario a la Ley divina. De esta manera despertarán en ti la honestidad y la sinceridad, con lo que te mantendrás en todo fiel a Dios. Este proceso evolutivo espiritual hacia el altruismo, es el Camino Interno al corazón de Dios. Todo lo que hagas de forma altruista te traerá múltiples frutos.

Por tanto, si tus sensaciones no tienen expectativas y tus pensamientos son nobles y buenos, en tus palabras y en tus obras estará la fuerza que proviene de Dios. Esta fuerza es Mi energía de vida, que penetra en el alma de tu prójimo y hace que también tu prójimo se vuelva altruista; pues lo que procede de tu alma luminosa, también penetrará –más pronto o más tarde, dependiendo de cuándo el prójimo se abra a ello– en el alma y en el ánimo de tu prójimo.

Quien dé de forma altruista, no preguntará si el prójimo sabe acerca de lo que le dio. ¡El que es altruista da! Sabe que Dios, el Padre eterno, ve en el corazón de todos Sus hijos, y que el Eterno, cuyo Espíritu habita en cada persona, recompensará al que sea altruista, cuando haya llegado el tiempo para ello. Solo esto es importante.

Comprended: todas las buenas obras, es decir altruistas, se harán a tiempo manifiestas, a fin de que de esto se aperciban aquellos que deben verlo para volverse asimismo altruistas, aceptando la vida en Mí y aspirando a ella –y haciendo lo que les he mandado: amarse de forma abnegada los unos a los otros, como Yo, el Cristo, los amo.

Aprende a rezar correctamente

Y cuando ores, no seas como los hipócritas, que gustan de orar en las sinagogas y en las esquinas de las calles, para ser vistos por los hombres. En verdad os digo que ya tienen su recompensa.

Tú, cuando ores, entra en tu cámara y, cuando hayas cerrado la puerta, ora a tu Padre celestial, que está en lo oculto; y el oculto Uno, que ve en lo oculto, te recompensará abiertamente. (Cap. 26, 3-4)

Cristo, explica, rectifica
y profundiza la palabra:

Cuando ores, retírate a un cuarto tranquilo y sumérgete en tu interior, pues en ti vive el Espíritu del Padre, cuyo templo eres tú.

Si solo oras para ser visto, para que tu prójimo te tenga por piadoso y creyente, Yo te digo: esto no es devoción, sino santurronería; es hipocresía. Tales oraciones mundanas y superficiales no tienen fuerza. Quien solo reza con los labios o para ser visto, está pecando contra el Espíritu Santo, pues abusa de palabras santas en propio provecho.

Comprende: si te diriges a Dios en oración y no haces realidad en tu vida aquello por lo que oras; si por tanto tus oraciones solo son un darse importancia de tu yo, y no vienen de la profundidad de tu alma y no están animadas por el amor a Dios, estás pecando contra el Espíritu Santo. Este es el pecado más grande.

Si tus oraciones no fluyen de forma altruista del corazón, sería mejor que no oraras y que primero te hicieras consciente de tus pensamientos y de tus deseos humanos, entregándomelos poco a poco a Mí –para que el amor altruista, que está en ti, crezca en ti y puedas orar de corazón–. Entonces tus oraciones estarán cada vez más vivificadas y traspasadas por el amor a Dios y a tu prójimo.

«... y el oculto Uno, que ve en lo oculto, te recompensará abiertamente», significa: tus pensa-

mientos de la luz y oraciones llenas de fuerza, vivificados por el amor a Dios, traerán frutos en este mundo. Podrás ver tu siembra del amor, y también a ti te verán muchos como manantial del amor.

Encuentra la verdad en ti

Y cuando oréis en común, no utilicéis vanas repeticiones como los paganos, que piensan ser escuchados por su mucho hablar. No lo hagáis, pues, igual que ellos; porque vuestro Padre en el Cielo sabe lo que necesitáis antes de que se lo pidáis... . (Cap. 26, 5)

Cristo, explica, rectifica
y profundiza la palabra:

Solo la persona que ha realizado poco de la ley de la verdad usa en la oración y en la vida diaria muchas palabras y repeticiones vacías y faltas de vida.

Quien hable mucho de la ley de la verdad y de la vida, diciendo por tanto muchas palabras al respecto, no podrá llenarla con fuerza y vida, porque él mismo no habrá sido llenado por la Ley de Dios. Tales palabras son egocéntricas y por eso palabras faltas de amor, aunque hayan sido escogidas como si estuviesen sostenidas por el amor. El hablar falto de vida no llega a lo más interno del alma de tu prójimo y, con ello, despierta eco alguno en el ser humano que deja obrar al amor de Dios en sí mismo y a través de sí mismo. Quien habla –sin que tenga vida lo que dice– sobre la ley de la verdad y de la vida, que él, sin embargo, no realiza, solo induce a discusiones al ser humano que escucha esto y que igualmente está todavía orientado hacia lo externo.

Comprended: quien discute sobre legitimidades espirituales, no conoce las leyes de Dios. Todos los que quieren discutir, están convencidos de saber más que su prójimo y quieren autorreafirmarse en ello. Quien discute, solo da testimonio de sí mismo, es decir: de que no sabe nada y está inseguro; y por eso discute.

Pero quien ha encontrado la verdad, no discute sobre la verdad, y tampoco sobre lo que es la fe. La palabra «fe», también contiene ignorancia: lo que en definitiva el ser humano no sabe o no puede demostrar, lo cree. Quien cree en la verdad, todavía no ha encontrado la verdad eterna. Asimismo, aún no se mueve en la corriente de la verdad eterna. Por tanto, la fe todavía es ceguera.

Sin embargo, quien ha encontrado la verdad eterna, ya no tiene que creer en la verdad –sabe la verdad, porque se mueve en la corriente de la verdad–. Es la persona verdaderamente sabia, que ha desenterrado en sí misma el tesoro, la verdad. Los verdaderos sabios reposan en sí. Esto es seguridad interna y firmeza. No discuten sobre la fe, porque partiendo de la fe han encontrado la sabiduría, que es la verdad.

Así pues, quien en Dios tan solo crea, sin conocer la profundidad de la verdad eterna, la Ley eterna, hablará mucho acerca de su fe.

También con sus oraciones se comportará de forma similar: hablará mucho, dado que no vivifica sus palabras con amor altruista. Será del punto de vista de que hablando mucho puede convencer a Dios, o incluso persuadirlo. Creerá tener que hacerse entender por Dios, ya que supone que Dios podría entender sus oraciones de forma diferente a como él quería dar a entender. De una manera similar piensan y oran los paganos.

Comprended: cuanto más profundamente se sumerge el ser humano en la verdad divina, tanto menos palabras utiliza en sus oraciones. Sus oraciones son breves, pero llenas de fuerza, porque la palabra irradia fuerza vivida.

Realiza tus oraciones

or eso, cuando estéis reunidos, debéis rezar así:

Padre nuestro que estás en los Cielos, santificado sea Tu nombre. Tu Reino viene. Hágase Tu voluntad, como en el Cielo, así en la Tierra. El pan nuestro de cada día dánoslo día a día, y el fruto de la vid viva. Y tal como Tú nos perdonas nuestros pecados, perdonemos nosotros los pecados de otros. No nos abandones en la tentación, y líbranos del mal, porque Tuyos son el reino y el poder y la gloria por toda la eternidad. Amén. (Cap. 26, 5-6)

Cristo, explica, rectifica
y profundiza la palabra:

La oración comunitaria, el Padre Nuestro, es rezado con palabras y contenidos distintos, porque cada colectividad lo reza de modo correspondiente al potencial de amor de la colectividad.

Siendo Jesús de Nazaret enseñé la oración comunitaria, el Padre Nuestro, en Mi lengua materna, es decir, con otras palabras, y por tanto también con contenidos diferentes, respecto a como fue rezado en tiempos posteriores y en otras lenguas.

Las palabras como tales son irrelevantes. ¡Lo importante es que la persona realice lo que reza! Entonces, cada palabra que sale de su boca es vivificada con amor, fuerza y sabiduría.

No debéis rezar al pie de la letra ni tratar de rezar textualmente el Padre Nuestro que enseñé a los Míos. Lo esencial es que vivifiquéis las palabras de vuestras oraciones con el amor al Eterno y a vuestro prójimo y que el contenido de vuestras oraciones se corresponda con vuestra vida.

Los seres humanos que estén inundados por la verdad eterna, el amor y la sabiduría de Dios, orarán a su vez de manera distinta a aquellos que solo rezan porque se les enseñó a hacerlo o porque pertenecen a una confesión en la que las oraciones son pronunciadas de acuerdo con el estado de consciencia de la confesión.

Los seres humanos que van de camino a su origen divino oran libremente, es decir, con palabras elegidas por ellos, vivificadas con amor y fuerza. Los seres humanos que vivan en Mi espíritu, que estén traspasados por el amor y la sabiduría de Dios, y que por tanto realicen las leyes de Dios en la vida diaria, ante todo darán gracias a Dios por haberles dado la vida y por todo, Lo alabarán y loarán y Le consagrarán cada día más su vida –en sensaciones, pensamientos, palabras y obras–, porque se habrán convertido en vida de Su vida.

Las personas que están en el espíritu del Señor viven la oración. Es decir, cumplen cada vez más las leyes del Eterno y ellas mismas han llegado a ser la oración que es adoración a Dios.

Quien por tanto cumple la voluntad de Dios, vive cada vez más en la adoración a Dios. Tales personas no solo guardan las leyes de Dios, sino que en gran medida han llegado a ser la ley del amor y de la sabiduría.

En el Reino de Paz de Jesucristo, que está madurando, en el que Yo Soy el soberano y la vida,

los seres humanos guardarán cada vez más la
Ley de Dios. Muchos de ellos habrán llegado a
ser la ley –y así seres humanos–Dios, que perso-
nificarán a la vida, Dios, en todo lo que piensen,
hablen y hagan. Sus oraciones serán la vida en
Mí, la consumación de la Ley eterna. Con su vida,
que es la Ley de Dios, agradecerán a Dios la vida.

El agradecimiento a Dios es entonces la vida
en Dios. Su vida, que será un único gracias, fluirá al Reino de Paz.

Ellos orarán conforme el sentido de las siguientes palabras de oración, que realizarán en
la vida diaria:

Padre nuestro,
Tu Espíritu está en nosotros,
y nosotros estamos en Tu Espíritu.
Santificado es Tu nombre eterno en nosotros
y a través de nosotros.
Tú eres el Espíritu de la vida,
Tú eres nuestro Padre primario.
De Ti llevamos nuestro nombre eterno.

Tú, el Eterno, nos lo has dado
y has puesto la plenitud
del infinito en nuestro nombre.
Nuestro nombre, que Tú nos has dado
con Tu soplo, es el amor y la sabiduría
–la plenitud que proviene de Ti,
la ley en nosotros y a través de nosotros.
Nuestro Reino eterno es el infinito
–la fuerza y la gloria en Ti y provenientes de Ti.
Nosotros somos herederos del Reino eterno.
Por ello somos el propio Reino,
el Hogar eterno.
Él está en nosotros
y obra a través de nosotros.
Tu voluntad infinita y gloriosa está en nosotros
y obra a través de nosotros.
Tu fuerza de voluntad
es nuestra firmeza de voluntad.
Ella obra en nosotros y a través de nosotros,
pues nosotros somos espíritu de Tu Espíritu.
El Cielo no es tiempo ni espacio
–Cielo y Tierra son uno,
porque nosotros estamos unidos en Ti.

El amor y la fuerza en nosotros y a través
de nosotros es nuestro pan cotidiano.
Tú, oh Padre eterno y glorioso,
has hecho surgir en nosotros
todo lo que vibra en el infinito.
Tú creas a través de nosotros en el Cielo
y en la Tierra.
Somos en Ti, y Tú obras en nosotros
y a través de nosotros.
Estamos colmados en Tu Espíritu,
porque somos espíritu de Tu Espíritu.
Somos ricos en Ti,
puesto que vivimos nuestra herencia,
el infinito que proviene de Ti.
Nuestra herencia eterna,
espíritu de Tu Espíritu,
hace surgir para nosotros
lo que necesitamos como seres humanos,
en el Reino de Paz.
Vivimos en Ti y de Ti.
La vida fluye y se regala.
Vivimos en la plenitud proveniente de Dios,
porque nosotros mismos somos la plenitud.

La Tierra es el Cielo,
y, el Reino de Paz, la riqueza de la Tierra,
en la que vivimos y somos
–espíritu de Tu Espíritu.
Vivimos en el Reino Interno –y, sin embargo,
somos seres humanos que personifican
en el exterior lo que irradia en el interior.
Alabado es el nombre del Señor.
Él es vida en y a través de nosotros.
El nombre de Dios es la ley vivida del amor
y de la libertad.
El pecado es transformado
–la luz ha venido.

Vivimos de Su luz
y vivimos en y de Su Espíritu,
ya que somos espíritu de Su Espíritu.
En Dios todo está saldado.
Su nombre lo ha limpiado todo.
¡Alabada sea la gloria de Dios!
voluntad, amor y sabiduría de Dios
traspasan la Tierra y nuestra tierra.
Nosotros mismos somos la Tierra

y nuestra tierra
–voluntad, amor y sabiduría.
En nosotros está la bondad de Dios
–lo bueno proveniente de Dios.
Estamos en Dios y obramos desde Dios.
La Tierra es del Señor
–ella es el reino del amor,
que obra en y a través de nosotros.
La vida, la gloria del Padre,
obra en nosotros y a través de nosotros
–de eternidad a eternidad.

Conforme al sentido de esta alabanza será la vida de los que vivan en el Reino de Paz de Jesucristo. Vivirán en Mí, el Cristo, y Yo viviré a través de ellos; y juntos viviremos en el Dios Padre-Madre, y el Padre vivirá a través de nosotros de eternidad a eternidad.

Encuentra lo positivo en lo negativo

Porque si perdonáis a otras personas su culpa, también os perdonará a vosotros vuestro Padre celestial. Pero si no perdonáis a las personas su culpa, tampoco vuestro Padre en el Cielo os perdonará vuestra culpa.

Igualmente cuando ayunéis, no parezcáis tristes como los hipócritas, pues ellos desfiguran sus rostros para tener la apariencia de personas que ayunan. En verdad os digo, ya tienen su recompensa.

Yo os digo que jamás encontraréis el Reino de los Cielos, a no ser que os guardéis del mundo y de su malicia. Y jamás veréis al Padre en el Cielo, a no ser que guardéis el sábado y ceséis en vuestro afán de acumular riquezas. Tú, cuando ayunes, úngete la cabeza y lava tu cara, para no darte importancia ante las personas con tu ayuno. Y el Uno santo, que ve en lo oculto, te recompensará abiertamente. (Cap. 26, 7-9)

Cristo, explica, rectifica
y profundiza la palabra:

El mandamiento de perdonar y pedir perdón tendrá validez hasta que todo lo que no corresponde a las leyes eternas haya sido expiado y purificado.

El mandamiento de perdonar y pedir perdón pertenece a la ley de Siembra y cosecha. Quedará abolido cuando todo lo humano haya sido expiado y cada alma haya llegado a ser un ser espiritual puro e inmaculado.

Hasta entonces tendrá por tanto validez el mandamiento: perdonad, y obtendréis perdón. Cuando pidáis perdón y vuestro prójimo os perdone, también os habrá perdonado vuestro Padre en el Cielo. Pero si pedís perdón y vuestro prójimo aún no os perdona, porque todavía no está dispuesto a hacerlo, tampoco os perdonará vuestro Padre eterno. Quien ha pecado contra su prójimo, también tiene que obtener perdón de parte de su prójimo. Solo entonces quita Dios el pecado.

El eternamente Justo ama a todos Sus hijos –también a aquellos que todavía no tienen la fuerza para perdonar–. Si solo perdonara al que dio ocasión de que se pecase, y no perdonara al que ha sido seducido por este a cometer un pecado y que todavía no puede perdonar –¿dónde estaría en ello la justicia de Dios?–. Ambos podrán entrar en el Cielo tan solo cuando sus pecados hayan sido saldados.

Por tanto, cuidad lo que sale de vuestra boca, y fijaos en si vuestros actos corresponden a la Ley eterna, es decir, si son altruistas y abnegados. Con mucha ligereza se pronuncia o hace algo contrario a la Ley divina –pero puede pasar mucho tiempo hasta que esté perdonado.

Si habéis pedido perdón y vuestro prójimo aún no está dispuesto a perdonaros, la gracia de Dios se incrementará en vosotros, envolviéndoos y apoyándoos –pero no quitará de vosotros lo que todavía no haya sido purificado–. La misericordia de Dios también se incrementará entonces en vuestro prójimo y le conducirá, respetando su libre albedrío, de manera que reconozca más pronto sus faltas, se arrepienta y os perdone. Solo cuando os hayan perdonado todos aquellos contra los que hayáis pecado −es decir, cuando todo esté saldado−, podréis entrar en los Cielos, porque Dios habrá transformado entonces todo lo humano en fuerza divina.

Dios es omnipresente; por tanto también es activo en la ley de Siembra y cosecha. También en todo lo negativo está lo positivo, Dios, la Ley eterna. Cuando el ser humano reconozca sus pecados y faltas y se arrepienta de ellos, se activarán en ellos las fuerzas positivas y fortalecerán al ser humano que ha llegado a reconocer su culpa, para que purifique sus pecados con la fuerza de Cristo.

Comprended la Ley de Dios, que es vida eterna de eternidad a eternidad −todo en todo: todo está contenido en todo; en lo grande, lo más pequeño, y, en lo más pequeño, lo grande; en el pecado, la fuerza para perdonar, y, en la fuerza que se libera por el acto del perdón, el elevarse a la vida interna, al eterno SER.

Por eso, también en lo negativo puede actuar lo divino –en el momento en que el ser humano pida perdón de corazón, perdone y no vuelva a pecar–. No obstante, la persona tiene que dar el primer paso hacia la vida interna.

Comprended: en todo lo que hagáis –ya sea que oréis, ayunéis o deis limosna–, si no lo hacéis de modo altruista, sino para ser vistos por vuestros semejantes, ya habréis recibido vuestra recompensa de otras personas. En ese caso, Dios no os recompensará. Y si solo ayunáis debido a vuestra obesidad, no aumentaréis el espíritu de vuestro Padre en vosotros. Pero quien acoja los alimentos en nombre del Altísimo, sea moderado y ayune de vez en cuando, para relajar su cuerpo y desintoxicarlo, para que la fuerza de Dios pueda abastecer a todas las células y órganos de forma correcta, se estará ejercitando de buena fe en aceptar y acoger la vida proveniente de Dios, a fin de vivir en ella. Y al mismo tiempo consagrará en la oración su vida a Dios, el Eterno, para de esta forma convertirse paulatinamente en oración vivida.

No os lamentéis por vuestros muertos

Deberíais hacer de igual modo cuando os lamentéis por los muertos y estéis de luto, porque vuestra pérdida es su ganancia. No hagáis como aquellos que lloran delante de otras personas y se lamentan públicamente y desgarran sus vestidos, para que los demás vean su luto; pues todas las almas están puestas en las manos de Dios y todos aquellos que hayan hecho el bien reposarán con sus antepasados en el seno del Eterno.

Orad, más bien, por su reposo y su ascenso, y considerad que están en la tierra del reposo que el Eterno les ha preparado y que recibirán la justa recompensa por sus actos. Y no os lamentéis como los que no tienen esperanza. (Cap. 26, 10-11)

Cristo, explica, rectifica
y profundiza la palabra:

Quien se lamenta por los muertos, todavía está lejos de la vida eterna, porque ve la muerte como final de la vida. No ha alcanzado todavía la resurrección en Mí, el Cristo. Se cuenta entre los espiritualmente muertos.

¡No os lamentéis por vuestros muertos! Porque quien se lamenta de la pérdida de un ser humano, no piensa en el beneficio para el alma, la cual –en la medida en que haya vivido en Mí, el Cristo– entrará en ámbitos de consciencia más elevados de la vida; pues si su vida en la existencia terrenal estuvo en Dios, también estará en Dios en otra forma de existencia.

Comprended: lo temporal, la vida en el cuerpo, no es la vida del alma. El alma ha aceptado la carne solo por un breve periodo de vida, para purificar y saldar en lo temporal lo que ha cargado sobre sí en diferentes vestidos terrenales. La Tierra hay que considerarla solo como una estación de tránsito, en la que las almas en vestido terrenal purifican en breve lo que más allá de los velos de la consciencia –también llamados muros de niebla– no pueden superar tan pronto.

Cuando un alma abandona su vestido terrenal, el ser humano solo llora por el vestido del alma, y no está pensando en el alma, que se ha deslizado fuera del vestido.

Un alma luminosa, después de desprenderse de su cuerpo terrenal, es acompañada por seres luminosos, invisibles para el ser humano, a aquel nivel de consciencia que corresponde a la manera de pensar y vivir del ser humano en el que esa alma estuvo encarnada.

Comprended: cada alma que ha abandonado el cuerpo, es atraída durante algún tiempo hacia las personas con las que ha convivido como ser humano. Si se entera de que sus antiguos familiares terrenales lloran por su envoltura, esto es muy doloroso para el alma. El alma todavía cercana a la Tierra se da perfecta cuenta de por qué sus parientes solo se lamentan por su envoltura humana y por qué no es tenida en cuenta, como alma, por los que llevan luto. Un alma que tiene que darse cuenta de eso, siente en ello el primer profundo dolor de alma, después de desprenderse del cuerpo físico; pues se entera de por qué lloran las personas y de por qué no la tienen presente con amor y hermanamiento.

Ella ve más de un pensamiento egoísta de sus antiguos familiares terrenales. No puede hacer que ellos reparen en ella, porque no es percibida por ellos. Lo que dice, no lo oyen los seres humanos, y, lo que ve, ellos no lo ven. Pero el alma percibe mucho.

Os incito a la reflexión: ¿os lamentáis, cuando la serpiente cambia la piel, cuando deja atrás su piel y continúa serpenteando?

De forma parecida sucede con el alma. Ella abandona su cuerpo corruptible, su envoltura, y sigue su camino. ¡Vosotros lloráis entonces la pérdida de la envoltura y no tenéis presente al alma! Quien tiene presente al alma, da gracias a Dios, que ha llamado al alma a regresar a Su regazo en la medida en que esta ha aprovechado la vida en Dios estando en vestido terrenal, acercándose con ello más a Él. Pensad que, para un alma luminosa, el desprenderse del cuerpo es una ganancia.

Y: si lloráis solo ante otras personas por la pérdida de un ser humano, fingís ante ellos.

En realidad no tenéis presente ni al ser humano ni al alma. Solo pensáis en vosotros mismos. El alma que registra esto, se da cuenta de que no ha sido amada de forma altruista, de que acaso solo estaba ahí para el propio provecho de su prójimo.

Muchas almas tienen que darse cuenta de que en vestido terrenal fueron vividas por sus familiares y conocidos terrenales. Esto quiere decir que no pudieron desarrollarse a sí mismos como seres humanos ni vivir su carácter personal, porque tuvieron que hacer la voluntad de los que les exigían lo que para sí mismos era ventajoso. Muchas de estas almas ven lo que desaprovecharon durante su existencia terrenal, y –también por eso– vuelven a la existencia terrenal. Regresan a la Tierra pasando por los velos de la consciencia y, como alma, se hallan de nuevo entre aquellos que vivieron a través de ellas. Otras, en cambio, intentan vivir en la Tierra lo que no pudieron desarrollar como seres humanos.

Mientras haya personas que estén atadas a personas o cosas –como pertenencias, riqueza y poder–, sus almas volverán a la Tierra y volverán a ponerse nuevos vestidos terrenales. Existen múltiples causas y motivos por los que las almas vuelven a encarnar.

Si, por ejemplo, un alma se da cuenta de que está encadenada a sus parientes por pecados, con frecuencia se resigna y consiente al deseo de tomar un nuevo cuerpo. Animada por este deseo, vive en el nivel de consciencia que corresponde a su estado de alma, y allí es instruida. Entre otras cosas, se le hace comprender el pro y el contra de una nueva encarnación. Ella encarnará cuando los astros en los que está registrado su pro y su contra –y por tanto también su camino terrenal– señalen el camino a la materia, y cuando en la Tierra sea engendrado un cuerpo terrenal que corresponda a su estado de consciencia como alma. En esta envoltura humana entrará durante el parto.

El hombre –que ha engendrado el cuerpo– y la mujer –en la que creció el embrión– han atraído a aquella alma con la que todavía tienen que purificar algo conjuntamente –o para recorrer junto con ella el camino del Señor, sirviendo al prójimo de modo altruista.

Que el ser humano no se fije solo en su cuerpo, sino ante todo en el ser encarnado en este, esforzándose en cumplir la voluntad de Dios y en no dejarse imponer la voluntad humana de segundos o terceros.

Comprended: también si decís, «yo hago la voluntad de mi prójimo para mantener la paz externa», impedís a vuestra alma y también al alma de vuestro prójimo desarrollarse y desplegarse de la manera que sea buena para ambas. Os impedís a vosotros e impedís a vuestro prójimo el cumplir las tareas que vuestras almas han traído a la existencia terrenal: purificarse y liberarse de la carga del pecado que fue traída a la encarnación, acaso de vidas anteriores. Quien se deja tutelar por sus semejantes, es decir quien hace lo que otros dicen, aunque se da cuenta de que ese no es su camino, está siendo vivido y vive pasándosele de largo su verdadera existencia terrenal. Él no aprovecha los días; está siendo utilizado por aquellos a los que sigue ciegamente, y por eso no conoce su camino como ser humano por esta Tierra.

Quien ata a sus semejantes, imponiéndoles su voluntad, es comparable a un vampiro que chupa la energía de sus semejantes. No se conoce a sí mismo y al mismo tiempo se ata a sus víctimas –y viceversa, la víctima que se deja chupar también se ata a él–. En una de las vidas, ya sea en vestido terrenal o como alma en los ámbitos del Más allá, serán de nuevo reunidos –y esto tantas veces como haga falta, hasta que se hayan perdonado el uno al otro.

Si dos se atan mutuamente –no importa si uno ha atado o se dejó atar–, ambos han cargado a su alma, y ambos tienen que purificar juntos, para que puedan ser restablecidos entre ellos el amor y la unidad.

Ninguno puede decir: «yo no sabía nada acerca de las leyes de la vida». Yo os digo: Moisés os trajo los extractos de la Ley eterna, los Diez Mandamientos. Y si los guardáis, no os ataréis los unos a los otros, sino viviréis en paz unos con otros.

Comprended: solo el amor y la unidad entre unos y otros muestran a almas y a seres humanos los caminos a la vida superior.

Dios, el eternamente bondadoso, tiende Su mano a cada alma y a cada persona. Quien la tome, aprovechará su vida terrenal. Valorará los días y también podrá vivirlos de acuerdo con los mandamientos, purificando lo que cada día le muestre. Algún día caminará y reposará en Dios, como alma, con todos aquellos que igualmente hayan aprovechado su existencia terrenal, reconociendo y superando día a día conmigo, el Cristo, lo que los días les trajeron y mostraron –alegría y pena.

Y si no lloráis –pensando en vosotros mismos– por la envoltura mortal de la que vuestro prójimo se desprendió, sino que os alegráis en el espíritu de que el alma, estando en vestido terrenal, reconociera su vida espiritual y se preparara para ella, oraréis alegres al Padre por vuestro prójimo, a través de Mí, el Cristo. Enviaréis fuerzas del amor al alma que ahora está más cerca de Dios, a fin de que pueda encaminarse a ámbitos más elevados, para unirse cada vez más con Dios.

El alma siente la alegría y la pena de sus familiares. Las almas que desencarnaron en Mí, el Cristo, se sienten unidas a través de Mí, el Cristo, con todos los que todavía caminan en vestido terrenal. La alegría del alma de que sus familiares la tengan presente con amor, la llena de fuerza.

Comprended: las oraciones altruistas hechas con amor donan al alma peregrina fuerza y vigor en su camino a lo divino. En vuestras oraciones altruistas siente el hermanamiento y recibe fuerza incrementadamente. Con ello se desprenderá más pronto de lo que todavía tiene de humano, y con esto se volverá libre para Aquel que es la libertad y el amor –Dios, la vida. La recompensa de Dios es grande para cada alma que se esfuerza seriamente en cumplir la voluntad de Dios.

Comprended: solo carece de esperanza el que de su fe solo habla, sin vivir lo que aparenta creer. En último término, el escéptico no cree lo que finge creer. De ahí se va formando la desesperación.

Donde está tu tesoro,
allí está también tu corazón

No acumuléis para vosotros tesoros en la tierra, que la polilla y el orín corroen y los ladrones desentierran y roban. Acumulad tesoros en el Cielo, donde ni la polilla ni el orín los corroen, y donde los ladrones no excavan ni roban; pues donde esté vuestro tesoro, allí estará también vuestro corazón.

Las luces del cuerpo son los ojos. Por eso, si ves con claridad, todo tu cuerpo estará lleno de luz. Pero si te faltan los ojos o si ellos están nublados, todo tu cuerpo estará en tinieblas. Si, pues, la luz que hay en ti es tiniebla, ¡cuán grandes serán las tinieblas!

Nadie puede servir a dos señores. O bien odiará al uno y amará al otro; o bien, adhiriéndose al uno, despreciará al otro. No podéis servir al mismo tiempo a Dios y a Mammón [la riqueza]. (Cap. 26, 12-14)

Cristo, explica, rectifica
y profundiza la palabra:

Solo acumula tesoros en la Tierra la persona que no cree en Dios, en Su amor, sabiduría y bondad. Muchas personas fingen creer en Dios; sin embargo, ¡por sus obras las reconoceréis! Muchas personas hablan del amor y de las obras de Dios –mas solo por sus actos las reconoceréis.

Muchos seres humanos hablan del Reino Interno y de la riqueza interna y, sin embargo, trabajan para llenar sus propios graneros y acumulan riquezas terrenales para sí mismos, a fin de ser bien vistos por las personas.

Quien solo se fije en su bien personal, no presentirá al ave rapaz que ya ha alzado sus alas para destruir el nido y arrebatar la riqueza que el rico, el constructor del nido, llama propiedad personal suya.

En cambio, quien aspire en primer lugar al Reino de Dios, acumulará valores internos, tesoros internos. Recibirá también en lo temporal todo lo que necesite, y más aún.

Quien sea rico internamente, no sufrirá necesidades externas. Pero quien sea rico externamente y acumule sus riquezas, algún día sufrirá necesidades. A quien acumule tesoros en la Tierra, le serán quitados, para que se acuerde del tesoro del interior y pueda entrar en la vida, en la riqueza interna.

Al alma le faltará luz divina hasta que aspire en primer lugar al Reino de Dios. Y mientras en la Tierra aún sea posible, el alma pobre en luz encarnará de nuevo en un cuerpo pobre en luz, y quizás viva en la pobreza entre los pobres. El reconocimiento llegará, de que el tesoro, la riqueza, está únicamente en Dios. Aquel cuyo corazón esté cerca de Dios, será rico en valores internos, y entrará en el Reino de la Paz.

Yo, Cristo, os doy una medida para que os deis cuenta de dónde os encontráis –en la luz o en las sombras–: «pues donde esté vuestro tesoro, allí estará también vuestro corazón»; allí estará algún día vuestra alma.

Tened en cuenta: ¡quien lea estas palabras y se encuentre en el cambio del viejo al Nuevo Tiempo, debería darse prisa para poder hallar aún su vida espiritual!; pues cuando el Nuevo Tiempo, el tiempo del Cristo, se haga manifiesto en toda la Tierra y la vida interna se viva, no habrá más encarnaciones para aquellos que aspiren a valores externos. Tampoco habrá más encarnaciones para los ricos terrenales, para que expíen, como los más pobres entre los pobres, lo que desatendieron como ricos.

Cuando el Reino de Paz de Jesucristo haya dado más pasos evolutivos, no habrá ni pobres ni ricos. Todos los seres humanos serán entonces ricos en Mi espíritu, ya que habrán abierto el Reino Interno. También vivirán en la nueva Tierra del modo que a ello corresponde, bajo otro cielo.

Por tanto, estad preparados para servir a Dios y, por amor a Dios, también a vuestros semejantes.

Comprended: nadie puede servir a dos señores, a Dios y a Mammón [la riqueza].

Únicamente el amor altruista une a todos los seres humanos y pueblos. El ser humano en la Tierra y el alma en los lugares de purificación –ambos serán algún día llevados a decidirse: a servir a Dios, o a Mammón [la riqueza]; a estar a favor, o en contra de Dios–. No hay nada entremedio: a favor de Dios, o a favor de lo satánico.

Aspira primero al Reino de Dios

Por esto os digo: no os inquietéis por vuestra vida, sobre qué comeréis y beberéis, ni por vuestro cuerpo, con qué os vestiréis. ¿No es la vida más que el alimento y el cuerpo más que el vestido? ¿Y de qué aprovecha a una persona ganar todo el mundo si pierde su vida?

Mirad las aves del cielo: no siembran ni cosechan, ni almacenan en graneros y, sin embargo, vuestro Padre celestial las alimenta. ¿No estáis vosotros mucho más cobijados que ellas? ¿Quién podría entre vosotros añadir a su estatura un solo codo, si lo quisiera? ¿Y por qué os preocupáis tanto por vuestras vestiduras? Mirad los lirios en el campo, cómo crecen; no trabajan ni hilan. Y en cambio os digo que Salomón, en todo su esplendor y gloria, no estaba tan bien ataviado como ellos.

Pues, si a la hierba del campo, que hoy es y mañana es arrojada al fuego, Dios así viste, ¿no os vestirá mucho más a vosotros, oh seres humanos de poca fe?

No os preocupéis pues, preguntándoos: ¿qué comeremos, qué beberemos o qué vestiremos? (Como hacen los paganos). Pues vuestro Padre celestial sabe que necesitáis todo eso. Aspirad primero al Reino de Dios y a Su justicia, y todo lo demás se os dará por añadidura. No os inquietéis, pues, por el mal de mañana; basta con que cada día tenga sus propios males. (Cap. 26, 15-18)

Cristo, explica, rectifica
y profundiza la palabra:

Quien se preocupa por su vida personal, por su bien –por lo que, por ejemplo, comerá o beberá mañana o con qué tendrá para vestirse–, es un mal planificador, pues de este modo solo está pensando en sí mismo, en su propio bien y en lo que posee. Con ello también esta planificando, a la vez, su dolor y su pena.

Quien, en cambio, cumple la voluntad de Dios, es un buen planificador. Planificará tanto sus días como su futuro. Pero sabe que sus planes solo son proyectos que reposan en las manos de Dios.

Él pone su planificación en las manos de Dios, trabaja con las fuerzas de Dios y se deja conducir también en los acontecimientos diarios por Dios, porque sabe que Dios es el Espíritu omnisapiente y la riqueza de su alma. Quien se confíe a Dios, ponga su diario quehacer en la luz de Dios y cumpla la ley «ora y trabaja», recibirá la justa recompensa. Poseerá todo lo que necesite.

Si Dios, el Eterno, adorna a la naturaleza y viste a los lirios del campo, ¡cuánto más alimentará y vestirá al hijo Suyo que cumpla Su voluntad! Por tanto, no os preocupéis por el mañana, sino planificad y entregad vuestro plan a la voluntad de Dios –y Dios, que conoce vuestro plan, os concederá lo que sea bueno para vosotros.

Daré un ejemplo: un buen arquitecto planificará concienzudamente la casa, teniendo en cuenta todos sus detalles. Cuando haya terminado su plan, lo repasará una vez más y se lo presentará al constructor para su examen. Si este está de acuerdo con el plan, los obreros trabajarán según el plan. El arquitecto y el constructor supervisarán la ejecución y solo intervendrán cuando algo no corresponda a la planificación.

De forma similar deberíais hacer en vuestra vida: ¡planificad cada día, y planificad bien! Concedeos también tiempo para horas de reflexión y recogimiento, en las que encontréis la tranquilidad interna y podáis repensar una y otra vez vuestra vida y vuestra planificación. Una planificación diaria concienzuda, que haya sido entregada a la voluntad de Dios, también la traspasará Dios con Su voluntad. Quien lleva a cabo su plan de esta forma, no necesita preocuparse por el mañana. Su fe en la conducción de Dios son los pensamientos positivos; de estos resultan palabras positivas y un actuar legítimo. Pensamientos, palabras y actos positivos son las mejores herramientas, pues en ellos obra la voluntad de Dios. Esto significa que en cada pensamiento positivo, en cada palabra altruista y en cada gesto y acción expresados con altruismo obra la voluntad de Dios, Su Espíritu. Dios dará al buen planificador todo lo que necesite, y más aún.

Solo se preocupa por el mañana quien no se confía a Dios y deja pasar los días sin aprovecharlos. Quien vive al día y le echa la culpa a su prójimo cuando algunas cosas le salen mal, cuando está enfermo, cuando tiene hambre o cuando no puede adquirir lo necesario para la vida diaria, no es un buen planificador. Es una persona miedosa, egocéntrica, que atrae lo que no desea y de lo cual tiene miedo. Quien no planifica las horas, días y meses con la ayuda de Dios, poniendo su planificación y a sí mismo en la voluntad de Dios, no puede ser conducido por Dios. Solo quien confía su tarea diaria a Dios y cumple concienzudamente el mandamiento «ora y trabaja», puede ser conducido por Dios, siendo colmado por Él –está lleno de amor, sabiduría y fuerza–. Esto significa que su recipiente, su vida, estará colmada de confianza y fe en Dios.

Los seres humanos que estén en el espíritu de Dios no sufrirán necesidades. Son buenos planificadores, son fuertes en la fe y trabajan con las fuerzas del Espíritu. Solo el miedoso se fija en sí mismo, en su pequeño yo. Se preocupa por el mañana, porque no está arraigado en Dios y no cree en la sabiduría y en el amor de Dios. Con ello abre inconscientemente los graneros para los ladrones, que vendrán y le robarán; perderá lo que ha conquistado y acumulado para sí mismo.

De la mano de Dios reciben los seres humanos alimentos, cobijo y ropa. Quien pone su vida, su modo de pensar y trabajar en las manos de Dios, no necesita preocuparse por el mañana. Poseerá lo que hoy, mañana y en el futuro necesite –y más aún.

Por tanto, quien viva en el Reino Interno, no sufrirá necesidades en lo externo. Pero quien sea pobre en su interior, sufrirá necesidades en lo externo. Si hoy vive apegado a lo mundano y acrecienta riquezas del mundo para sí mismo, guardándolas para sí, es pobre en su interior y, en otro vestido terrenal, sufrirá necesidades, es decir, será pobre.

Por tanto, aspirad en primer lugar al Reino de Dios y a Su justicia, y os será dado por Dios todo lo que necesitéis –y más aún–. Mirad las aves del cielo: no siembran ni cosechan ni almacenan en sus graneros y, sin embargo, vuestro Padre celestial las alimenta. *«Mirad los lirios en el campo, cómo crecen; no trabajan ni hilan»*. La naturaleza, en su diversidad, está más bellamente vestida que el más rico entre los ricos. Quien solo piense en su bien y en sus graneros llenos, tendrá que ganarse el pan con el sudor de su frente, ya sea en esta forma de existencia terrenal, o en otra encarnación –mientras esto aún sea posible.

Orar y trabajar correctamente significa trabajar para sí mismo y para el bien común. Comprended: los lirios del campo –es más, toda la naturaleza– están ahí para todas las personas y se les regalan en la más grande diversidad. Quien pueda captarlo y apreciarlo, no tendrá que ganarse el pan con el sudor de su frente. Cumplirá la ley «ora y trabaja» –para sí mismo y para su prójimo.

Y si está escrito, «*...no trabajan ni hilan*», esto significa: el ser humano no debe solo pensar en sí mismo y trabajar solo para conseguir beneficios que únicamente son para sí mismo, para con ello adornarse y hacerse ver.

Comprended: todo lo que es, está amparado por Dios. Animales, árboles, plantas, hierbas y piedras están amparados por Dios. Están en la vida evolutiva, que es dirigida por el Dios creador eterno. Dado que toda vida procede de Dios, también los animales, los árboles, las plantas, las hierbas y las piedras sienten. Experimentan en sí la fuerza evolutiva del Creador, que los vivifica y que en el ciclo de los eones divinos los conduce a seguir desarrollándose. La fuerza creadora, el eterno SER, regala a los reinos de la naturaleza lo que necesitan. Los dones de la vida fluyen a las formas de vida en la medida en que están espiritualmente desarrolladas.

El Padre eterno tiene presente a cada hierbecita. ¡Cuánto más tendrá presentes el Eterno a Sus hijos, que ya han desarrollado en sí los peldaños evolutivos de los reinos mineral, vegetal y animal! Los hijos de Dios llevan en sí mismos el microcosmos proveniente del macrocosmos, y por consiguiente están en comunicación con todo el infinito.

¡Cuán pobre es el ser humano que se preocupa por el mañana! Él mismo muestra que no ha superado todavía el ayer, puesto que no puede vivir en el hoy, en el ahora, es decir en Dios.

El interior del ser humano, el puro SER, es la esencia del infinito. Quien, siendo un ser humano, capte esto, mirará hacia el interior y desarrollará las leyes de la vida, de modo que pueda contemplar todo lo externo a la luz de la verdad.

Comprended: a la persona que piense y viva de forma omniabarcante –es decir, sin límites–, le servirá el infinito. Los seres humanos que están en el espíritu del amor no se centran en sí mismos, sino que son conscientes de la totalidad. Están en comunicación constante con las fuerzas de Dios en todo lo que es. Lo que hacen, lo hacen desde el interior, con la fuerza del amor. Planifican y obran según el mandamiento «ora y trabaja», y no desperdician los días. Saben del valor de los días, de las horas y minutos, y aprovechan el tiempo.

Así pues, quien en verdad vive, no se preocupa por el mañana; ya está recibiendo hoy lo que poseerá mañana, pues quien viva en Dios, no sufrirá necesidades, ni hoy ni mañana. Pero quien permanezca en el temor y retenga sus bienes, mañana será pobre.

Sin embargo, quien se vea como un ser cósmico, que cumple la voluntad de Dios sin ponerle límites, alcanzará sabiduría y fuerza. La vida de quien está lleno de amor y sabiduría, está traspasada por la fuerza de Dios. Nada le faltará. En cambio, quien se preocupe por el mañana y vea negro el futuro, atraerá el mal y cada día tendrá algo que le pese.

¡Por tanto, no penséis con temor en el mañana! Planificad con la fuerza de Dios –y dejad que el Eterno obre a través de vosotros–. Entonces vuestros pensamientos serán imanes positivos que a su vez atraerán lo positivo y constructivo; pues pensamientos, palabras y acciones son imanes que, a su vez, atraen cosas iguales o parecidas, análogas a su naturaleza.

No juzgues a tu prójimo

No juzguéis, para que no seáis juzgados; pues con el juicio con que juzguéis, seréis juzgados, y con la medida con que midáis, se os medirá. Como hagáis a los otros, así se hará con vosotros. (Cap. 27, 1)

Cristo, explica, rectifica
y profundiza la palabra:

Habéis leído: pensamientos, palabras y obras son imanes. Quien juzgue y condene a su prójimo en pensamientos y con palabras, experimentará algo igual o parecido en sí mismo.

Comprended: vuestros pensamientos, palabras y obras negativos son vuestros propios jueces. *«Con la medida con que midáis»* –ya sea en pensamientos, o en palabras y actos–, así seréis medidos vosotros mismos. Tal como desvaloricéis a vuestro prójimo, para sobrevaloraros a vosotros mismos, seréis valorados; sabréis de vuestro valor y lo sufriréis. Y si decís: «al uno debe bastarle lo que tiene –el otro tiene que recibir más–», algún día solo poseeréis tanto como aquel al que hayáis concedido menos, o aún menos que él: tal como vayáis al encuentro de vuestro prójimo, en pensamientos, palabras y actos, así lo viviréis algún día vosotros mismos.

Comienza contigo mismo

¿Cómo ves la paja en el ojo de tu hermano y no te percatas de la viga en el tuyo? O ¿cómo osas decir a tu hermano: quiero quitar la paja de tu ojo?; y he aquí que hay una viga en tu ojo. Hipócrita, quita primero la viga de tu propio ojo, y solo entonces verás con claridad, para poder quitar la paja del ojo de tu hermano. (Cap. 27, 2)

Cristo, explica, rectifica
y profundiza la palabra:

Solo habla constantemente sobre la paja en el ojo de su prójimo la persona que no se percata de la viga en el propio ojo. Solo se empeña en querer sacar la paja del ojo de su hermano el que no conoce su propia forma de pensar y vivir. Quien no se conoce ni conoce su viga –los pecados en el alma, que se reflejan en sus propios ojos–, no tiene ojos para la verdad. Su vista está nublada por el pecado. Ve entonces en el prójimo solo lo que también él mismo es aún: un pecador.

Solo quien transforma la viga que hay en su propio ojo, ve cada vez más claro. Entonces podrá ver cada vez más claramente la paja en el ojo de su hermano y –obrando conforme a la ley del amor al prójimo– serle de ayuda para eliminarla.

Por tanto, quien habla negativamente de sus semejantes, los desvaloriza y habla mal de ellos, no conoce sus propias faltas.

¡Por sus frutos los reconoceréis! Cada cual muestra quién es –es decir, sus frutos–. Quien se irrita a causa de sus semejantes y se burla de ellos, está mostrando quién es realmente.

Quien primero se desprenda de su propia falta, también será capaz de ayudar a su prójimo. Por eso, es un hipócrita todo el que habla despreciativamente de las faltas de su hermano –sin notar la viga en su propio ojo.

No misiones

No deis lo sagrado a los perros, ni arrojéis vuestras perlas a las cerdas, no sea que las aplasten con los pies y, dándose vuelta, os destrocen.(Cap. 27, 3)

Cristo, explica, rectifica
y profundiza la palabra:

No concuerda con la ley eterna del libre albedrío el que vayáis con las palabras de la verdad de un lugar a otro, de casa en casa, haciendo uso de vuestras artes de convicción y persuasión, misionando a cuantos están a vuestro alcance; pues esto significaría que no santificáis la verdad y que hacéis lo que está escrito muy gráficamente: «no deis lo sagrado a los perros, ni arrojéis vuestras perlas a las cerdas». Por eso no debéis imponer la palabra de Dios a vuestro prójimo. Quien cree que su prójimo debería creer y aceptar aquello de lo que él cree estar convencido, aún tiene dudas, y pone en entredicho su propia fe.

Misionar significa querer convencer. Quien quiere convencer, todavía no está convencido en su interior de lo que preconiza.

Sed, por el contrario, buenos ejemplos de vuestra fe, y no misionantes. Podéis ofrecer el patrimonio de vuestra fe y dejar a cada cual la libertad de querer creer en ello o no, y de querer participar o no con vosotros.

La libertad en Dios es un aspecto de la Ley eterna. Si vuestro prójimo viene a vosotros por libre voluntad, y pregunta acerca de vuestra fe, él está dando el primer paso hacia vosotros; y, quien tenga fe, se acercará a su prójimo y le contestará.

Quien esté unido por lazos de unión divinos a su prójimo, no lo atará a su fe –sino solamente le participará tanto cuanto él mismo haya reconocido y realizado–. Solo quiere atar al prójimo a su fe, aquel que ha desarrollado poco amor altruista.

Por tanto, precaveos de los fanáticos, que quieren persuadiros para que aceptéis su fe. Ofreced la verdad eterna de palabra y por escrito –y vivid vosotros mismos conforme a ella–; entonces se os acercarán los que hayan reconocido la vida en sí mismos.

Entra en tu interior

Pedid, y se os dará; buscad, y hallaréis; llamad a la puerta, y se os abrirá. Porque todo el que pida, recibirá, y quien busque, hallará, y a los que llamen, se les abrirá. (Cap. 27, 4)

Cristo, explica, rectifica
y profundiza la palabra:

Solo pide, busca y llama a la puerta de la vida interna la persona que aún no ha entrado en su interior, en el reino del amor. El Reino de Dios está dentro del alma de cada persona.

El primer paso en el sendero a la vida interna, en el camino a la puerta de la salvación, es pedir a Dios ayuda y apoyo. El siguiente paso es la búsqueda del amor y de la justicia de Dios. El caminante encuentra la vida, el amor y la justicia de Dios en los mandamientos de la vida, que son indicadores de camino en el camino al interior.

Otro paso es el llamar a la propia cámara del corazón, a la puerta interna. Esta puerta al corazón de Dios solo se abre al que ha orado, buscado y llamado sinceramente. A la persona intelectual, que solo aspira a obtener valores e ideales externos, no se abre la puerta interna. Tampoco los escépticos recibirán.

Así pues, quien pida, busque y llame a la puerta deberá hacerlo por amor a Dios, y no para poner a prueba el amor de Dios.

Comprended: quien solo quiera poner a prueba el hecho de la existencia real del amor de Dios, topará él mismo muy pronto con la piedra de toque. Al que vive en Dios, le está abierta la puerta del corazón. Ya no necesita pedir –ya ha recibido–; pues Dios conoce a Sus hijos. Quien ha entrado en el corazón de Dios, ya ha recibido en su alma. Esto significa que la riqueza proveniente de Dios brilla incrementadamente en su alma e irradia a través de él, la persona. Quien ha entrado en su interior, ya no necesita buscar –pues en el Reino del Interior estará en su hogar–. Y quien conscientemente habita en él, ya no necesita llamar a la puerta; ya ha entrado, y vive en Dios y Dios a través de él.

Solo pedirán, buscarán y llamarán a la puerta aquellos que todavía estén fuera y no sepan que en lo profundo de su alma llevan lo que verdaderamente les hace ricos: el amor y la sabiduría de Dios.

Da lo que esperas

ues ¿quién de vosotros es el que, si su hijo le pide pan, le da una piedra, o si le pide un pez, le da una serpiente? Si vosotros, a pesar de ser malos, sabéis dar dones buenos a vuestros hijos, ¡cuánto más vuestro Padre, que está en los Cielos, dará cosas buenas a aquellos que se las pidan!

Cuanto queráis que las personas os hagan a vosotros, hacedlo vosotros a ellas; y lo que no queráis que ellas os hagan, tampoco lo hagáis vosotros a ellas; porque esta es la ley y los profetas. (Cap. 27, 5-6)

Cristo, explica, rectifica
y profundiza la palabra:

Comprended: no debéis exigir de vuestros semejantes lo que vosotros mismos no estáis dispuestos a dar.

Cuando esperéis algo de vuestro prójimo, que él debe hacer para beneficio vuestro, haceos la pregunta: ¿por qué no lo hacemos nosotros mismos? Quien por ejemplo espera de su prójimo dinero y bienes, para que él mismo, que está en la comodidad, no tenga que trabajar, o quien espera fidelidad de su prójimo, sin ser él mismo fiel, o quien, aunque desea ser aceptado y acogido por su prójimo, no acepta ni acoge él mismo a sus semejantes, es una persona egocéntrica y pobre en espíritu.

Cualquier cosa que exijas de tu prójimo, tú mismo no la posees en el corazón.

Es ilegítimo que, por una actitud de espera, se coaccione a los semejantes a actos, declaraciones o comportamientos que por sí mismos no estarían dispuestos a hacer.

Cuando reconozcas tu actitud de espera en tus deseos para con tu prójimo, da rápidamente la vuelta y haz primero tú mismo lo que exiges de él.

Cada coacción es una presión que a la vez produce coacción y contrapresión. Con tal comportamiento chantajista para con tu prójimo, te atas a él y te haces –tanto a ti mismo como a la persona que se dejó chantajear– esclavo de la baja naturaleza. Tales métodos de coacción como, por ejemplo, «yo espero de ti, y tú esperas de mí; cada uno da al otro lo que este le exige», llevan a ataduras.

Lo que está atado, no tiene un lugar en el Cielo. Los dos que se hayan atado recíprocamente, volverán a encontrarse algún día, ya sea en la vida en la materia sutil o en otras encarnaciones.

Esta forma de atadura no rige en el puesto de trabajo. Si tú te has incorporado voluntariamente, en la vida profesional, a un ámbito laboral, y el responsable te da tareas que tú debes ejecutar dentro del margen de tu actividad, ya al entrar en la empresa has dado tu sí. Tú te has incorporado voluntariamente al ámbito de trabajo y en el equipo de trabajo, para hacer lo que te sea encargado. Si tú eliges un lugar de trabajo, también debes ejecutar lo que de acuerdo con el ámbito de trabajo elegido por ti mismo se te encargue. La afirmación, *«cuanto queráis que las personas os hagan a vosotros, hacedlo vosotros a ellas...»*, no es válida para la profesión elegida por uno mismo o el ámbito laboral.

«Lo que no queráis que ellas [las personas] os hagan, tampoco lo hagáis vosotros a ellas», significa: si no queréis que se rían ni hagan burla de vosotros, o no queréis que os roben ni os mientan, o no queréis ser despojados de vuestros bienes y fortuna, o no queréis que se os tutele, o no queréis que se os robe vuestro libre albedrío, o no queréis que se os pegue ni insulte, tampoco hagáis esto a vuestros semejantes; pues lo que hagáis al más humilde de vuestros hermanos, Me lo estáis haciendo a Mí –y a vosotros mismos–. Lo que no queráis que se os haga, no lo hagáis a vuestro prójimo –pues todo lo que sale de vosotros, vuelve a vosotros–. ¡Por lo tanto, examinad vuestros pensamientos y vigilad vuestra lengua!

Resiste la tentación,
decídete por Dios

ntrad por la puerta estrecha; pues angosta es la senda y estrecha es la puerta que llevan a la vida, y son pocos los que las encuentran. Pero ancha es la puerta y espacioso el camino que lleva a la perdición, y son muchos los que van por él. (Cap. 27, 7)

Cristo, explica, rectifica
y profundiza la palabra:

«...angosta es la senda y estrecha es la puerta que llevan a la vida», significa: a cada uno de los que se esfuerzan en caminar por el estrecho camino a la vida, se le presenta el que viene de las tinieblas y le muestra –como a Mí en Jesús de Nazaret– los tesoros y las comodidades de este mundo. Hay que oponerse cada día de nuevo a lo satánico y resistir. Quien no esté alerta, llegará a seguirlo ciegamente.

Comprended: todo el que efectúa los primeros pasos hacia la vida, en un principio se siente restringido y limitado, hasta que se ha decidido definitivamente; pues todo lo que de humano ha pensado y hecho hasta el momento, debe abandonarlo ahora.

Los primeros pasos van hacia la incertidumbre –se llaman fe y confianza–. Hasta que los primeros pasos han sido dados, el sendero a la vida es estrecho y angosto. Los primeros obstáculos que deberían superarse en el camino al corazón de Dios son: ¡cambia tu manera de pensar y abandona tus viejas costumbres humanas! ¡Arrepiéntete, perdona, pide perdón, y no peques más! Esto significa, para cada cual, el esfuerzo personal y un cambio en todo lo que hasta ahora estaba acostumbrado a hacer.

Sin embargo, quien con Mi fuerza persevere, abandonará el sendero estrecho y llegará a la gran avenida de luz –que lleva al Reino del Interior–, por la que avanzará con los que caminan hacia la luz, para alcanzar el portal que da a lo absoluto, a la vida en Dios.

El ser humano es puesto a prueba a diario: a favor o en contra de Dios.

Quien se decida contra Mí, manteniendo todas sus comodidades humanas y todo lo que le hace humano, no será tentado en el camino ancho y oscuro, porque se habrá vendido al tentador. Por este camino que va a la perdición caminan muchos. No son puestos a prueba como aquellos que caminan por la senda estrecha que va a la vida.

Quien se ha vendido al tentador también está diciendo que sí sin reservas a lo que, de acuerdo con su siembra, tendrá que cosechar.

Por sus frutos los reconoceréis

Guardaos de los falsos profetas, que vienen a vosotros con vestiduras de ovejas, mas por dentro son lobos feroces. Por sus frutos los reconoceréis. ¿Pueden cogerse racimos de los espinos o higos de los abrojos?

De igual modo, todo árbol bueno da frutos buenos, pero un árbol malo, da frutos malos. El árbol que no da buenos frutos, solo sirve para ser talado y arrojado al fuego. Por los frutos, pues, distinguiréis lo bueno de lo malo. (Cap. 27, 8-9)

Cristo, explica, rectifica
y profundiza la palabra:

Al final de los días materialistas, del tiempo de acaparar y codiciar, aparecerán muchos falsos profetas. Hablarán mucho sobre el amor de Dios –y, sin embargo, sus obras serán obras humanas–. No es un profeta auténtico y un sabio espiritual el que habla del amor de Dios, sino únicamente aquel cuyas obras son buenas.

El don para examinar esto solo lo tiene aquel que primero examina su propia convicción: si él mismo cree de verdad en el evangelio del amor altruista y cumple también el sentido del evangelio –y lo que él mismo ya ha realizado, por amor altruista a su prójimo.

Solo podréis reconocer a vuestros semejantes y sentir la diferencia entre bueno y malo cuando hayáis alcanzado algunos grados de madurez espiritual.

Quien aún condena a su prójimo y piensa y habla negativamente de él, no puede todavía examinar a sus semejantes. Le falta discernimiento. Solo juzga –no examina.

Si vosotros mismos aún sois un mal fruto, ¿cómo podréis reconocer a los buenos frutos? A quien no realiza las leyes de Dios, le falta discernimiento sobre lo que es bueno, menos bueno o malo.

Quien desee examinar a su prójimo, primero deberá autoexaminarse, ver si posee el don de discernir entre lo justo y lo injusto.

Con mucha facilidad se puede desechar un buen fruto y dar asentimiento al mal fruto: cuando el fruto podrido se ha destacado con mucha oratoria y obra con muchas palabras y gestos aparentemente convincentes.

Comprended: los iguales se atraen. A quien todavía es un fruto podrido, le son más cercanos los frutos podridos que los buenos. Pero quien es altruista, es un fruto bueno y también lo bueno, lo altruista, está cerca de él.

Quien es altruista, también tiene el discernimiento para distinguir entre los frutos buenos, menos buenos y malos. Así pues, quien desee distinguir entre frutos buenos y malos, primero deberá ser él mismo un fruto bueno. Solo el fruto bueno puede reconocer a los malos. El mal fruto busca una y otra vez a los malos frutos que le son afines, para obrar contra los frutos buenos. Los malos frutos condenan, desechan, juzgan y atan.

Los frutos buenos y maduros tienen comprensión, son benévolos y tolerantes, y bondadosos para con su prójimo. Ciertamente llaman la atención sobre las irregularidades, pero conservan a su prójimo en su corazón. Esto significa: ya no valoran, ni condenan ni juzgan.

Repito: por sus frutos los reconoceréis.

El buen fruto conoce al mal fruto, pero el mal fruto no reconoce al buen fruto. El buen fruto solo se fija en lo bueno, el mal fruto solo en lo malo. Análogamente piensa, habla y actúa el ser humano.

Cumple la voluntad de Dios

No todos los que Me digan: ¡Señor, Señor!, entrarán en el Reino de los Cielos, sino los que hagan la voluntad de Mi Padre que está en el Cielo. Muchos Me dirán en aquel día: ¡Señor, Señor!, ¿no profetizamos en Tu nombre? ¿No expulsamos a diablos en Tu nombre? ¿No hicimos muchos milagros en Tu nombre? Yo entonces les diré: nunca os conocí; apartaos de Mí, los que ocasionáis cosas malas. (Cap. 27, 10)

Cristo, explica, rectifica
y profundiza la palabra:

Quien solo invoca Mi nombre y no cumple la voluntad de Mi Padre, a pesar de su oratoria de apariencia espiritualmente efectiva y de sus palabras aparentemente complacientes es pobre en su espíritu y no entrará en el Reino de los Cielos.

Pero quien lleva a cabo obras altruistas sin esperar ni recompensa ni reconocimiento, es el que hace la voluntad de Mi Padre; pues, tal como actúa, del mismo modo piensa y habla.

Las obras altruistas surgen solo a partir de sensaciones y pensamientos llenos de la plenitud de Dios. Si los pensamientos de una persona son impuros, también sus palabras serán triviales y sus actos egocéntricos.

Comprended: quien en apariencia habla desde el Yo Soy, es decir que aparentemente pronuncia Mi palabra, y en apariencia lleva a cabo obras en Mi nombre, viviendo muy bien gracias a ello, ya ha recibido su recompensa. No recibirá ninguna otra recompensa en el Cielo. Quien con una actitud altruista haga obras del amor, y trabaje para ganarse el pan terrenal, recibirá en el Cielo la justa recompensa.

Comprended: el pan espiritual es el alimento espiritual del alma. El pan para el cuerpo hay que ganarlo según la ley del «ora y trabaja».

El pan espiritual viene de los Cielos y es dado a los que guardan la ley del amor y de la vida y también cumplen el mandamiento «ora y trabaja».

El alimento terrenal lo regaló Dios al ser humano a través de la tierra. Los frutos de la tierra necesitan ser preparados mediante el trabajo de las manos; de manera que el trabajador se merece la recompensa por su trabajo.

¡Comprended la diferencia entre el pan para el alma y el pan para el cuerpo terrenal! Es verdad que ambos proceden del mismo manantial, pero uno es espiritual y le es dado al alma, y, el otro, es sustancia densa material, y le es dado al cuerpo físico. Lo que el gran Espíritu, Dios, regala al ser humano para el cuerpo físico, necesita trabajo humano; por ejemplo, hay que sembrar, cultivar, cosechar y preparar. Y, para ello, el ser humano debe ser recompensado por parte del ser humano.

En el Reino de Dios solo será admitido el que lo haga todo por amor a Dios y a los seres humanos.

Construye sobre la roca: Cristo

Así pues, a quien escuche Mis palabras y las ponga por obra, lo compararé con el varón prudente, que edificó su casa firmemente sobre roca. Y cayó la lluvia, vinieron las aguas y soplaron los vientos sobre la casa; pero no se derrumbó, porque estaba fundada sobre roca.

Pero a quien escuche estas palabras y no las ponga por obra, se le comparará con un necio, que edificó su casa sobre arena. Y cayó la lluvia, y vinieron los torrentes, y soplaron los vientos y dieron sobre la casa, y se derrumbó, y grande fue su desplome. Pero una ciudad que ha sido edificada firmemente, rodeada por firme muralla circular o en la cima de un monte, y fundada sobre una roca, no puede caer jamás, ni estar oculta.

Y sucedió que, habiendo Jesús acabado estos discursos, se maravillaban de Su enseñanza las muchedumbres; pues les enseñaba hablando a la cabeza y al corazón, y no hablaba como los escribas, que solo enseñaban en razón de su oficio. (Cap. 27, 11-13)

Cristo, explica, rectifica
y profundiza la palabra:

Quien escucha Mis palabras y las cumple, está desarrollando su vida espiritual. Está basando su vida en Mí, la roca. Entonces también vencerá todas las tempestades y aguas. Después de esta vida terrenal, su alma entrará conscientemente en la vida espiritual y no será allí forastera, porque ya en la Tierra el ser humano habrá vivido en el Reino del Interior.

El espíritu profético es el fuego en el profeta y en todos los iluminados. Dios no ha hablado ni habla a través de ellos como los que solo «enseñaban en razón de su oficio». Los profetas e iluminados han hablado y siguen hablando por poder del Eterno, del Dios que habla, tanto si las personas quieren reconocer esto como si no.

Está escrito: *«hablando a la cabeza y al corazón»*. Lo que acoge el intelecto, la cabeza, es hablado y discutido por los intelectuales. A pesar de todo, más de una semillita cae en su corazón.

Quien acoge la palabra de la vida con el corazón, también la hace vibrar en su corazón y hace que en seguida germine la buena siembra, la vida.

Pero quien solo quiera captar la palabra de Dios con el intelecto, tendrá que reconocer más tarde –quizás tan solo después de algunos golpes del destino– lo que ha rechazado con sus dudas y con su arrogancia intelectual. Tendrá que reconocer que la semilla, la palabra de Dios, dada del cuerno de la abundancia de la vida a través de profetas e iluminados, le habría podido ahorrar muchas cosas.

Para la vida y el modo de pensar de los seres humanos del Nuevo Tiempo en el Reino de Paz de Jesucristo, será la medida Mi manera de pensar, enseñar y vivir en Jesús de Nazaret. De este modo estaré muy cerca de ellos. En el espíritu Me saludarán como hermano suyo y Me aceptarán y acogerán como soberano del Reino de Dios en la Tierra.

Los Doce Mandamientos de Jesús

Los Doce Mandamientos de Jesús

La Biblia de la llamada cristiandad contiene los Diez Mandamientos de Dios, que trajo Moisés a la humanidad, y también partes de las enseñanzas de Jesús de Nazaret.

Cristo ha expuesto ahora a través de la palabra profética todos los aspectos importantes de Su vida en la Tierra y de Sus enseñanzas, que van más allá del contenido de la Biblia.

Los siguientes Doce Mandamientos ya los dio Jesús de Nazaret a la humanidad hace dos mil años. Son los Mandamientos para el Reino de Paz que se está formando en esta Tierra. Son una continuación de los Diez Mandamientos de Moisés dada por Cristo, el Hijo de Dios, el Redentor de todos los seres humanos y almas.

Y Jesús les dijo: «he aquí que os doy una nueva Ley, que sin embargo no es nueva, sino antigua. Igual que Moisés dio los Diez Mandamientos al pueblo de Israel, según la carne, así también os daré Yo los Doce Mandamientos para el reino de Israel, según el Espíritu Santo.

¿Quién es este Israel de Dios? Todos los que en cada pueblo y en cada tribu practican la justicia, el amor y la misericordia y guardan Mis Mandamientos, son el verdadero Israel de Dios».

Y levantándose, Jesús dijo:
«Escucha, oh Israel; Jehová, tu Dios, es el Uno. Tengo muchos videntes y profetas. En Mí viven y se mueven todos y tienen su existencia.

No quitaréis la vida a ninguna criatura por diversión o para vuestro beneficio, ni la atormentaréis.

No robaréis los bienes de otros, ni acumularéis para vosotros mismos tierras y riquezas, más que las que necesitéis.

No comeréis la carne ni beberéis la sangre de ninguna criatura matada, ni otras cosas que dañen vuestra salud o vuestra consciencia.

No contraeréis matrimonios impuros, en que no haya amor y pureza, ni os corromperéis a vosotros mismos o a cualquier criatura que ha sido creada pura por el Santo.

No daréis falso testimonio contra vuestro prójimo ni engañaréis intencionadamente a alguien con mentira, para perjudicarle.

No haréis a nadie lo que no queráis que se os haga a vosotros.

Adoraréis al Uno, el Padre en el Cielo, del que vienen todas las cosas, y honraréis Su santo nombre.

Honraréis a vuestro padre y a vuestra madre, que se ocupan de vosotros, y a todos los maestros justos.*

Amaréis y protegeréis a los débiles y a los oprimidos y a todas las criaturas que sufran injusticia.

---

* Cristo manifestó: «honrar» aquí significa «respetar».

Ganaréis con vuestras manos todo lo bueno y necesario. Así, comeréis los frutos de la tierra, para que tengáis larga vida en la tierra que habitáis.

Os limpiaréis todos los días y al séptimo día descansaréis de vuestro trabajo y santificaréis el sábado y las fiestas de vuestro Dios.

Haréis a los otros lo que queréis que los otros os hagan a vosotros».

Esta es Mi Palabra
A y Ω

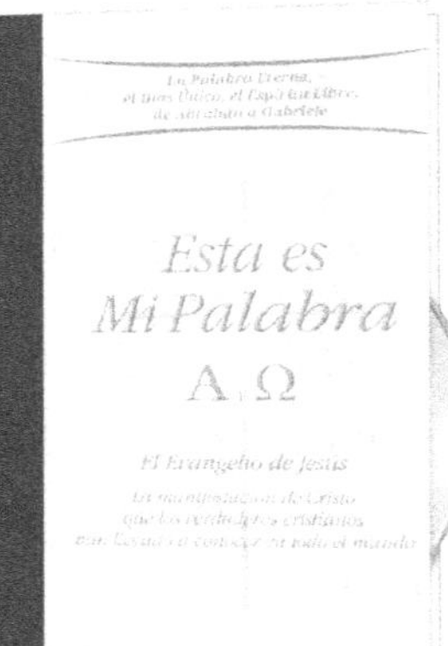

El Evangelio de Jesús

La manifestación de Cristo que los verdaderos cristianos han llegado a conocer en todo el mundo

Jesús de Nazaret no fundó una religión. No instauró sacerdores ni enseñó dogmas, ritos o cultos. Hace 2000 años trajo la verdad desde el Reino de Dios: la enseñanza del amor a Dios y al prójimo, a los seres humanos, la naturaleza y los animales, la enseñanza de la libertad, de la paz y de la unidad. Él habló del Dios del amor, del Espíritu Libre –Dios en nosotros.

En la gran obra manifestada «Esta es Mi palabra. Alfa y Omega» Cristo habla a través de Gabriele, la profeta y enviada de Dios, desde el Reino de Dios, sobre el pasado, el presente y el futuro.

En Su obra, que es una obra histórica, se dirige a toda la humanidad para explicar lo que enseñó siendo Jesús de Nazaret, cómo transcurrió Su vida en la Tierra y muestra todo lo referente a la gran obra de Redención, que tiene su origen en el Reino de Dios.

1059 págs., n° de pedido: S007es

El libro incluye un CD de audio con la Palabra Eterna del Reino de Dios: «*La llamada del Cristo de Dios*» y «*La aparición*», dada por Gabriele, la profeta de Dios en nuestro tiempo.

ISBN 978-3-89446-011-0. (Edición tapa dura)

Las grandes enseñanzas cósmicas de JESÚS de Nazaret

a Sus apóstoles y discípulos que podían captarlas

con explicaciones de Gabriele

A través de Gabriele, la gran profeta de enseñanza y enviada del Reino de Dios en nuestro tiempo, Cristo mismo manifestó la ley de la verdadera vida, que Él enseñó hace más de 2000 años al círculo interno de Sus apóstores y discípulos. Por primera vez en la historia de la humanidad Sus grandes enseñanzas cósmicas están al acceso de todas las personas.

Las grandes enseñanzas cósmicas nos acercan las leyes divinas eternas y nos hacen sentir la vida que está en lo profundo de nuestra alma, que es nuestro hogar, y descubrir quiénes somos en verdad, seres cósmicos, hijos del amor infinito caminando de regreso al Reino eterno de Dios, del que partimos.

Las grandes enseñanzas cósmicas de Jesús de Nazaret han sido dadas y explicadas por Gabriele. Ella indica cómo se pueden utilizar en la familia, en la profesión y en el tiempo libre.

Las grandes enseñanzas cósmicas de Jesús de Nazaret están compendiadas en un gran tomo junto a las explicaciones dadas por Gabriele.

916 pags., n° de pedido: S181es
ISBN 978-3-89201-615-1. (Edición tapa dura)

Una vida de mujer al servicio del Eterno

Mi camino como profeta
de enseñanza y enviada de Dios
en este cambio de era

Gabriele

Desde hace más de 40 años está Gabriele al servicio de Dios, el Eterno, siendo Su profeta de enseñanza y enviada. Con sus narraciones autobiográficas nos permite conocer detalles de su vida como ser humano y de cómo fue llamada a ser profeta de Dios y lo que significa traer en este tiempo a la Tierra Su palabra, Su amor y la sabiduría. Gabriele cuenta lo que ella ha vivido desde la infancia. Describe el comienzo de la palabra profética, cómo fue instruida por el Espíritu de Dios y cómo fue construyéndose la Obra mundial del Cristo de Dios, e informa sobre las adversidades y los ataques que tuvo que soportar como mujer al servicio del Eterno.

212 págs., n° de pedido: S551es
ISBN 978-3-89201-815-5. (Edición tapa dura)